东莞市博物馆丛书

东莞市博物馆藏碑刻

东莞市博物馆　编

文物出版社

公司議橋其別號也其先武寧人[illegible]

駿衛後文進拔橋同家焉專有成[illegible]

論貳並長子言卿登成[illegible]

益贊韓克家崇祀鄉賢祠公之[illegible]

法請慎不以子貴驕人叔祖[illegible]

格高拔倜儻有大志不樂塵俗[illegible]

十六為戍進第登[illegible]用御楷進士初[illegible]

司署郎中擢[illegible]考績進階奉政大夫[illegible]

[illegible]是公[illegible]武歲保障一方有[illegible]

其竟辯擇之無事者賴以存活九江[illegible]

[illegible]武斷聞[illegible]日年隱[illegible]手[illegible]

者交為[illegible]江右[illegible]右人無論貴賤咸稱[illegible]

得捕梟客望風遁中外倚賴[illegible]何勇退長林豐草中[illegible]

初十日卯時生弘治庚申[illegible]日年止四十有六[illegible]

总 序

罗丹曾言："世界并不缺乏美，只是缺少发现美的眼睛"。

东莞，一座创造了并继续创造着经济和社会发展奇迹的城市。在这个面积不过2，465平方公里的"弹丸"之地，在短短的30年间，历史巨变呈现了从贫穷到富庶的巨大反差，以至于许多人相信，东莞的今日，不过是历史的一个意外。

然而，欲理解一座城市的今生，就必须读懂她的前世。事实上，东莞历史悠久，文脉绵长。在经济的外表下，她有着穿越时空的人文魅力。虎门销烟，那缕融会历史悲凉与豪迈的硝烟弥漫延续至今。从近代再往前追溯，纵观各历史时期，东莞先哲乡贤在广东乃至国内外都产生了广泛的影响，他们的皇皇著述、仕履政声，为莞邑积淀了厚重的文化底蕴，他们的精神风范为中华民族增色添辉。尤其在明一代，人才之盛可用"群星灿烂"来形容，难怪理学名臣丘濬在为东莞县所写的《重建儒学记》一文中要感叹："岭南人材最盛之处，前代首称曲江，在今世则皆以为无逾东莞者。盖入皇朝以来，逾百年于兹，岭海人士，列官中朝长贰台省者，无几何人，而东莞一邑，独居其多。"

因此，东莞并非一些人所说的"文化沙漠"，而是人们没有意识到历史面纱掩饰下不断继承和成长的"绿洲"。在精彩纷呈的历史和现实面前，或许因为在经济与人文之间增量的侧重太过明显，议论一直存在。东莞在这一方面，继续广东那种讷于言而敏于行的姿态，做了再说。以至于在过往的历史变迁中，曾经"得风气之先"的东莞，涌现出的是人们对它的陌生和惊异，乃至种种争议。所以，解读和阐析东莞背后的人文根脉，需要有一种"发现"的精神和素养，需要挖掘隐藏在堆积如山的典籍及器物中的历史精髓。对于文物工作者而言，责无旁贷。

东莞市博物馆的前身是创建于1929年、竣工于1931年的东莞博物图书馆，与有着80年历史的老馆——广州博物馆同为我国早期创建的博物馆。作为东莞市唯一的综合性博物馆，担负着当地文物收藏、保护、研究、宣传和教育职能，是博物馆之城建设中藏品托管与保护基地。80年也许并不算长，但在这段时间里，通过历年的考古发掘和文物征集，东莞市博物馆积累了较为丰富的馆藏文物，其中不乏精品。更重要的是，这些珍贵的文物，大多都是东莞文明与历史传统的见证物。

我们欣喜地看到，东莞市博物馆以馆藏文物为依托，结合研究课题，编辑出版《东莞市博物馆丛书》。这套丛书，旨在记录千年莞邑的发展历史，挖掘她不为人所熟知的人文魅力，让东莞的现代文明在这份底蕴深厚的文化遗产的孕育下，焕发出勃勃生机。

编辑《丛书》是一项以弘扬东莞传统历史文化为宗旨的长期的文化建设工程。东莞市博物馆将在深入研究的基础上，拟推出“馆藏系列”、“地方史论”、“考古研究”、“陈列展示”等类别。从今年开始，“馆藏系列”将陆续出版“碑刻”、“玉器”、“陶瓷”等专集。《丛书》以学术性、资料性和可读性相结合为特色，兼顾地方特点，体例科学，方法创新，文质兼美。同时，也希望《丛书》的出版能够在全省的文物工作中起到一定的引领推动作用。

历史的背影虽然已经远去，但其气息并未消散。我们希望《东莞市博物馆丛书》能够依稀勾勒出这座城市的历史轮廓，能够轻轻地提醒人们放慢脚步，去了解自己所在的城市，同时也能穿过浮华的表象，感悟她厚重的历史文化底蕴。

广东省文物局局长　苏桂芬

前言

我国自古素有刻石立碑之传统。碑刻是研究地方历史的珍贵史料，具有“存史、资治、教化”的价值和作用。东莞作为岭南文化的发源地之一，历来文风昌盛，名人辈出，留下众多内容丰富的碑碣石刻。作为带有文字的文物，碑碣石刻生动记录了东莞的历史更迭、时代变迁、风土人情和生活习俗，较之不带文字的文物更能体现东莞的历史文化底蕴和人文内涵。但是，东莞现存碑刻年代久远，加上自然的侵蚀和人为的破坏，特别是随着城市化进程的加快，正面临着消失的危机。为保护古代碑刻，抢救性著录碑文，以免这些反映本邑光华宠灵的文物湮没不彰，把幽隐数百年的文化遗产揭示出来，供人们择优继承，古为今用。我们将这些石刻文字整理出来，以东莞市博物馆藏碑刻、东莞镇（街）现存碑刻、有文献记载但原石佚失碑刻为对象，陆续出版东莞历代碑刻相关书籍。

《东莞市博物馆藏碑刻》所辑的50余通碑刻，约有半数为过去考古发掘、文物普查所得，另有几通是悉心搜求而来。这些碑刻，之前大多散落在村坊、学校、寺庙、宫观、老坟古墓和田间地头等，多数未得到有效保护，遭受着自然和人为的损坏。

所辑碑刻的年代，上起北宋，下迄民国，以明清为主。碑刻的种类有墓志碑、纪事碑、诰命碑、告示碑、功德碑、艺文碑等，其中主要为墓志碑。碑刻的内容，涉及北宋至民国近千年东莞的政治、经济、军事、文化和教育等方面，是研究东莞社会历史的珍贵文献，具有多重价值。

首先是历史价值。本书收录最早的碑刻为北宋时期的石经幢（又名镇象塔），原置于东莞城区资福寺前，现存东莞市博物馆内。石经幢建于南汉大宝五年即北宋建隆三年（962），高3.4米，由须弥座、幢柱、覆盆、四方佛塔、塔刹等部组成。须弥座上刻有武士，座盖上刻有飞仙，塔上刻有佛像，形象丰满，有盛唐遗风；幢柱上刻有“佛顶尊胜陀罗尼经”，现存302字，雕工精细。南汉遗物本来存世甚少，该经幢年代清楚，属地明确，因此对研究当时的地理环境、佛教思想和社会生活有一定价值。又如《却金坊记》，明代却金坊之碑刻，原立于莞城城外演武场（今光明路教场街口一带），今却金坊已毁。碑文记载的是明嘉靖年间李恺来东莞改善稽舶，外商感谢送金，李恺不接受，外商因而出资建坊记其德。该碑与全国重点文物保护单位却金亭的《却金亭碑记》互为补充，从内容上看，两者都叙述了东莞却金亭的来历，从侧面反映出明代东莞口岸繁盛，也反映了明代中泰友好往来，补充了正史记载的不足，是研究明代中国对外关系不可多得的实物。

其次是史料价值。本书所收的《重建东莞县署碑记》记载了清咸丰四年（1854）清政府东莞县署被太平军烧毁并于翌年重建的历史事件。民国二十四年（1935）立《东莞县政府布告》和民国二十九年（1940）六月立的无名碑（即“日华忠魂纪念碑”）等，对研究抗战时期东莞的社会状况有重要的史料价值。

第三是书法价值。本书所收录的碑刻，论其书法价值首推张家玉《怀内》扇面石刻，其字草书，书法清劲，诗意绵缠。东莞地方史专家杨宝霖称其“抗清英雄，却柔情似水，正如鲁迅所谓‘无情未必真豪杰’也”。此外，一些碑额、墓志盖在书写和艺术技巧的运用上各具匠心，具有较高的美学与观赏价值。

第四是文学价值。本书各碑的碑文，绝大多数文字简练，语言流畅。其中陈琏撰写的《宋赐号梅外处士李公（春叟）墓表》、《讷庵处士何公（本）墓表》，笔墨高绝，文采飞扬，向来为人们所推崇。尹瑾撰文的《明故中宪大夫山东按察司副使樾桥钱公（仝）暨配宜人陈氏合葬墓表》、《卫氏小宗祠记》，吐属不凡，文多佳句。《封刑科给事中松雪钟君（铎）墓表》、《大明敕加赠中宪大夫都察院右佥都御史翠林卢公（宾）墓志铭》，分别为李东阳和韩雍所著，二人皆名士，其文流畅自然、文情并茂。又如《张氏增创祠堂记》、《明封征仕郎刑科给事中钟君（铎）墓表并盖》、《东莞县学地租记》、《明故中宪大夫按察副使樾桥钱公（仝）暨配宜人陈氏合葬墓志铭》、《东莞县重建儒学记》、《东莞县重修文庙儒学记》等，这些碑文的作者陈音、王鏊、罗一道、钟卿、丘濬、徐兆魁等人皆以文章名重一时，均有一定的文学价值。上述碑文，出自古人之手，虽打上了时代的烙印，但其文字简练、修辞讲究，不失为范本例文，值得今人仿效和借鉴。

东莞碑刻，数量众多，内容广泛，承载了丰富的历史文化信息，编者限于水平，难以道出其中的全部真髓。以上所言，聊算是对东莞市博物馆藏碑刻作些简略介绍，抛砖引玉，以期引起人们关注，并加以深入研究与充分利用，使其在发展先进文化与推动学术研究等工作中发挥应有的作用。

由于编者学识有限，书中纰误与疏漏在所难免，希望方家、读者指正。

东莞市博物馆副馆长　谌小灵

凡 例

一、《东莞市博物馆藏碑刻》辑录东莞市博物馆所藏的碑碣、墓志、经幢等石刻资料。

二、所辑录现存的碑刻，每篇均有必要的说明和文录。每块碑刻，均附以拓片图版。

三、碑石若有碑额，则碑名以碑额为准。若无碑额，则以碑文题名为准。

四、所录碑文，以碑内立石所署时间为序；时间相同者，以碑名首字笔画为序，首字笔画相同者取第二字，如此类推；时间不详者，统编于后。

五、原碑刻无题而由编著者自拟的，题上加星号。文录中遇到的俗体字、异体字改为规范字，避讳字改回原字。

六、为便于区分墓主，名字可知者则在碑目中加以说明。

七、若碑文与文献记载有出入，则取碑文所记，以反映其原貌。

八、碑文中明显的错字径改。碑刻中残缺、漫漶不清之字，据较早拓本、原碑抄本和文献所载补充；不能补充者均作□，缺字较多而不知缺几字者，在缺处加括号说明。原碑文遇“皇朝”、“国朝”等字，均提行或上加空格，录文不再提行或保留空格。碑文长者，酌情分段。

目 录

总序 .... 苏桂芬 007
前言 .... 谌小灵 009
凡例 011

碑文 · 图版

1 ★石经幢（962年） 014
2 ★梁文奎及妻花氏敕命碑（残）（1214年） 018
3 赠中宪大夫都察院右佥都御史罗公（昌）圹志铭（1439年） 020
4 大明敕封征仕郎南京礼科给事中翠林卢公（宾）行状（1450年） 022
5 制加赠通议大夫右副都御史罗公（昌）淑人黄氏墓（1457年） 024
6 制赠通议大夫右副都御史罗公淑人王氏墓（1457年） 026
7 张氏祠堂记（1457年） 028
8 故赠通议大夫左副都御史致仕罗公（亨信）淑人刘氏墓（1459年） 030
9 故通议大夫都察院左副都御史罗公（亨信）神道碑铭（1459年） 032
10 大明敕加赠中宪大夫都察院右佥都御史翠林卢公（宾）墓志铭（1468年） 034
11 制加赠中宪大夫佥都御史翠林卢公（宾）恭人李氏墓（1468年） 036
12 东莞县重建儒学记（1472年） 038
13 明封征仕郎刑科给事中钟君（铎）墓表并盖（1506年） 040
14 宋赐号梅外处士李春叟墓表（1520年） 042
15 宋银青光禄大夫祁公墓（1534年） 044
16 却金坊记（1541年） 046
17 孔庙纪成记（1549年） 048
18 ★大明通奉大夫江西左布政使祁公（顺）墓志（1555年） 050
19 明故江西左布政使祁公（顺）墓表（1555年） 052
20 张氏祭田记（1557年） 054
21 张氏增创祠堂记（1557年） 056
22 东莞县学地租记（1571年） 058
23 明故中宪大夫山东按察司副使樾桥钱公（仝）暨配宜人陈氏合葬墓志铭（1582年） 060
24 卫氏小宗祠记（1589年） 062
25 东莞县重修文庙儒学记（1604年） 064
26 大明累赠淑人先妣（王）氏墓（1624年） 066
27 宋特奏进士军器大监赐号梅外李公（春叟）诰封四八太安人何氏墓（1626年） 068
28 皇明追封增城侯谥文烈张公（家玉）墓（1649年） 070
29 宋皇姑八世祖妣赵氏之墓（1712年） 072

30 装金建造方丈重修各堂碑记（1811年）......074
31 皇清例赠修职郎显祖考穆齐陈公之墓（1813年）......076
32 重建东莞县署碑记（1855年）......078
33 ★张家齐祖父母诰命碑（1872年）......080
34 明讷庵何公（本）安人袁氏墓（1897年）......082
35 东莞县政府布告（1935年）......084
36 ★无名碑（1940年）......086
37 大明处士十三卢公孺人林氏墓......088
38 大明处士云隐卢公孺人何氏墓......090
39 东冈钟公（渤）墓志铭......092
40 东莞县学□记......094
41 ★东莞盂山公园诗碑（残）......096
42 ★卢祥墓志（残）......098
43 讷庵处士何公（本）墓志铭......100
44 讷庵处士何公（本）墓表......102
45 ★张家玉《怀内》扇面石刻......104
46 宋梅外处士（李春叟）传......106
47 ★奉天勅命碑（残）......108
48 明故中宪大夫山东按察司副使樾桥钱公（仝）暨配宜人陈氏合葬墓表......110
49 封刑科给事中松雪钟公（铎）墓表......112
50 故通议大夫都察院左副都御史罗公（亨信）圹志铭......114
51 ★重修许公岩记......116

东莞市博物馆藏碑专论

1 东莞市博物馆藏碑解读......谌小灵 118
2 从东莞市博物馆藏儒学碑记看明代东莞的儒学教育......刘 炼 123
3 东莞南汉经幢（镇象塔）考......麦淑贤 128
4 从两方却金碑刻解读明代东莞商贸经济......吴建华 杨晓东 134
5 东莞市博物馆现藏石质类文物保存状况的调查......朱铁权 朱明敏 刘 睿 138
6 访碑录......杨宝霖 145

后记......娄欣利 159

1

★石经幢

九六二年

莞人邵廷琄于南汉大宝五年即北宋建隆三年（962）所造，原坐落于资福寺（址在今莞城中心小学）前。1966年，因城市建设需要，南汉经幢需迁移他处，发掘时只有石幢柱露出地面，高106厘米，其余都已埋入地下。掘至2米深处，发现柱上脱落的幢盖等部分。修复后通高3.97米，共分底座、首层须弥座、座盖、石幢柱、柱上盖、扁圆形石鼓垫、四角形佛塔等五层十段。

石幢柱高163厘米，柱分8面，每面宽约21厘米。上刻文字，第一面6行，其余均是5行，原有千余字，含造幢记及《陀罗尼经》之咒语。然历经千余年沧桑后，其文字剥泐过半。至嘉庆时莞人张骏拓得418字；近人潘龢于1916年端午再拓，得300余字；时至今日，约存300字。下面碑文据上述拓本及〔民国〕《东莞县志》(卷89页4)所载整理而成。

按：邵廷琄，篁村人。南汉宫中太监，由内谒者升为内府局令，总管宿卫兵，军务严整，尤重儒士。南汉大宝三年（960），廷琄献计于刘鋹，劝其修兵以防赵匡胤，不然则率珍宝奉中国以通好。鋹沉迷酒色，不以为然。不久，宋兵攻打郴州，暨彦斌、陆光图战死。刘鋹始思廷琄之言，加其为开府仪同三司、东南面招讨使。邵廷琄以舟师屯洸口。宋兵已退，邵爱抚将士，招募流亡，又改编部队，配备甲兵，将要收复郴州。廷琄遭同辈嫉妒，被诬告谋反，被刘鋹赐死。

碑文：

【第一面】大宝五年壬戌十一月乙卯朔六日庚申，东南面招讨使、特进行内侍监、上国柱禹余宫使邵廷琄买地一段，起创寺院僧房，镌造佛顶尊胜、大白衣观世音菩萨尊相；甃砌宝塔五层四面龛室，装严佛像，又舍田差僧延嗣住持焚修，伏以所崇妙善。至秋有群象踏食百姓田禾，累奉敕下□人采捕，驱括入栏，烹肉赡军。然戴甲披毛，俱是负来之命；虑遗骸滞魄，难超舍去之魂，仰赖良因，免涉幽扃之苦；速承济度，永辞异类之徒。

【第二面】［缺］□□佛顶尊胜王，广长舌相遍三千，恒沙功德皆圆［缺］米传惼户人为善住天，能灭七返傍生难［缺］我今具足是凡夫，赞叹惣持萨婆若，［缺］生，十方刹土诸如来，他方世界诸菩萨。

【第三面】［缺］将及药叉，窴司地主琰摩罗，善恶簿官二童□［缺］启请皆降临，拥护佛法使长存，各各勤行世尊教，［缺］居地上或虚空，愿闻佛顶尊胜王，蠢动含灵皆作佛，［缺］佛顶尊胜佗罗尼。［缺］怛嚩（音赖，二合，引）［缺］也（计音二合一）钵啰底［缺］尾始瑟吒［缺］野（三）没驮［缺］

【第四面】［缺］他（去，引，五）唵（引）尾戍（引）驮野［缺］驮野［缺］么娑么三（去……）［缺］拏［缺］底诫贺囊［缺］嚩（二合）婆（去，引）嚩［缺］诫多（□）嚩啰嚩左曩（引）阿蜜㗚（二合）多（□引）鼻［缺］（□□反）散驮（引）［缺］驮野戍（引）驮野［缺］

【第五面】［缺］瑟耻［缺］多摩贺（引）母捺［缺］（二十九）波耶突㗚（二合）揭底波［缺］（二合）帝（三十二）么［缺］摩顸（三十三）怛闼多［缺］

【第六面】［缺］萨嚩萨埵［缺］迦耶波唎秫第［缺］室□铭（四十六）三［缺］么（引）湿嚩（二合）娑［缺］（……合，引）娑（去，引）地瑟耻（二合）帝（四十九）［缺］多跛哩秫第［缺］嚩怛他（去，引）［缺］

【第七面】［缺］（引）母捺□（三合）［缺］嚩贺（引□十六句）［缺］（……合，引）贺［缺］嚩［缺］啰（二合，引）［缺］（□夜□□）野（四）娑嚩［缺］

【第八面】［缺］帝（引）吒顸（九）怛啰（二合）［缺］钵啰（二合）［缺］

编者注：括号内乃其经文本身侧注之内容。

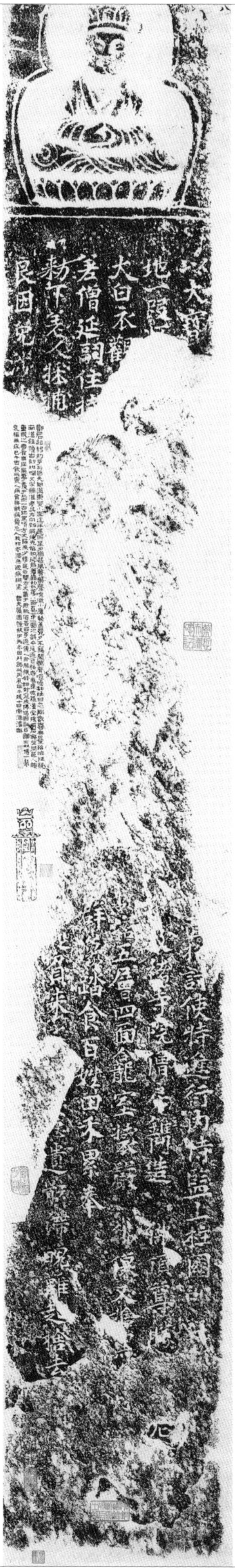

第一面

第二面

第三面

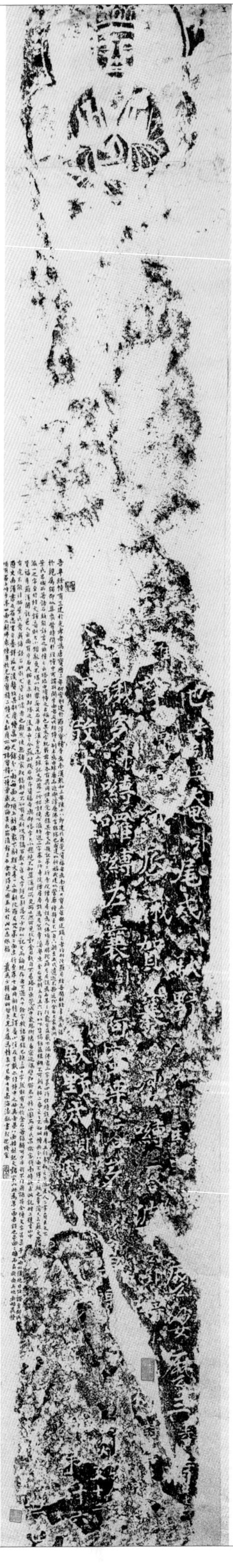

第四面

第五面

第六面

第七面

第八面

2

★梁文奎及妻花氏敕命碑(残)

一二一四年

宋嘉定七年（1214）三月十三日立石。

青石质，三边饰以花纹。碑残，残碑通高90厘米，宽58厘米，厚5厘米。无碑额，碑文楷书，残存部分25行，行23字不等，字径1.3厘米，字体隽秀，字迹清晰。

按：梁文奎，东莞人。北宋宁宗开禧元年（1205）进士（〔雍正〕《广东通志》卷31）。

碑文：

（缺）不阿己显子（缺）□兹特授尔阶朝散郎（缺）国之内府署居琐闼职近禁（缺）心乃绩慎名器谨出纳敬乃在位（缺）闻朕将九载考成观厥效焉（缺）

奉天承运，皇帝敕曰：人臣委身事主，夙夜在公，以无忝厥职，则宠礼有加焉，以云劝也。即在疏逖之臣，犹将手足体之，矧披庭左右职司典宝者乎？尔试监左藏库朝散郎梁文奎，名高桂籍，位列清班，策词恺切，廷对露其公忠；制行端方，士论高其直亮。牍司出纳，砥冰雪以同清；案验盈虚，捧玺书而致惕。有臣如此，优奖宜先。兹特实授尔阶朝散郎，监左藏如故，再膺敕命。咨夫！善于始者，尤贵慎于其终；励于前者，尤贵敏于其后。尔其益懋乃德，懋乃功，朕自有懋官懋赏，钦哉！

制曰：丈夫赞襄王事，驰驱在外，未有不资贤淑媛内助之力也。故大姒相文，邑姜相武。圣王且然，况大夫、士乎？尔朝散郎监左藏库梁文奎之妻花氏，贞静性成，慈和质赋。化谐琴瑟，勗攻苦于芸窗；洁采蘋蘩，代承欢于菽水。妇道有光，母仪可咏，是用封尔为县君，锡之敕命。宠章特贲，用褒敬戒之勤；象翟钦承，益励柔嘉之则。

敕命

嘉定七年三月十三日

□□之宝

……之宜不阿己顯予
……茲特授爾階朝散郎
……之內府署……瑣闥時近禁
心乃精慎名益謹出納敬乃在位
……奏聞朕將九載考成以觀厥效焉
……帝敕曰人臣委身事主夙夜在公以無忝厥職則寵禮有加焉以
示勸也即在疏逖之臣猶將手足體之矧掖庭左右職司典
寶者乎爾試監……藏庫朝散郎梁文奎名高桂籍位列清班
策詞惶切廷對露其忠制行端方士論高其直亮牘司出
納砥礪冰霜以同清案驗盈虛揆重書而致惕有臣如此優獎
宜先茲特實授爾階朝散郎監左藏如故再膺敕命咨爾善
於始者尤貴慎於其終勵於前者尤貴敬于其後爾其益懋
乃德懋乃功朕自有懋官懋賞欽哉
制曰丈夫勤襄王事馳驅在外未有不資賢淑嬪內助之力也
故大……相文邑姜相武昭王且然況大夫士乎爾朝散郎監
左藏庫……文奎之妻花氏貞靜性成慈和質賦化諧琴瑟勖

3

赠中宪大夫都察院右佥都御史罗公（昌）圹志铭 一四三九年

明正统己未年（1439）立石。陈琏撰文。

灰岩，碑通高66厘米，宽44厘米，厚4厘米。无碑额，正文题名为“赠中宪大夫都察院右佥都御史罗公圹志铭”。碑文楷书，14行，行28字不等，字径1厘米，字体隽秀，字迹清晰。

按：罗昌，罗亨信之父。罗亨信（1377-1457），字用实，东莞篁村人。明永乐二年（1404）中进士，授工科给事中。明仁宗即位时（1424），罗亨信任监察御史，后升为右佥都御史，奉命到陕西监练八卫兵守备边疆。正统二年（1437），北方阿台王子入侵，罗自昌宁出兵败敌。正统十四年（1449）春，任通议大夫右副都御史。时北方也先入侵，他动员诸将誓死守城，以孤城阻敌进攻，保卫京师。景泰帝即位（1450）后，罗亨信提升为左副都御史。

碑文：

赠中宪大夫都察院右佥都御史罗公圹志铭

嘉议大夫礼部左侍郎同邑陈琏撰并书

公讳昌，字祖昌，先世南雄人，宋季始迁东莞之英溪。曾祖德秀、祖应辰、父善，俱潜德弗耀。公元季避兵循惠。圣朝平定，始归田里，自号英溪。耕隐闲居养素，善于教子。遂遣长子亨信，肄业邑庠，登永乐甲申进士，拜工科给事中，升吏科右给事中，进监察御史。宣德庚戌，授敕封公如其官。亨信又升都察院右佥都御史，出赞甘肃戎务，茂著劳绩，赐诰褒崇，赠公如今官。配黄氏，有淑德，初赠孺人，今赠恭人。二子，长即亨信；次胜瑶，早世。女一，适梁彦义。孙男三，泰、宾、敬。孙女六，皆归名族。公生元甲午二月初五，卒正统丁巳六月十九，寿八十有四。卜己未闰二月二十二日合葬麻地岭祖茔之左。

铭曰：猗维中宪士之良兮，孝友之行著于乡兮，严训谆谆皆义方兮，子为宪臣勋名彰兮，推恩封赠沐宠光兮，新阡峨峨固所藏兮，铭以焯德百世不忘兮。

贈中憲大夫都察院右僉都御史羅公壙誌銘

嘉議大夫禮部左侍郎同邑陳璉撰并書

公諱昌字祖昌先世南雄人宋季始遷東莞之英溪曾祖德秀祖應辰父善俱潛德弗耀公元季避兵循惠

聖朝平定始歸田里自號英溪耕隱間居養素惠於教子遂遣長子亨信肄業邑庠登永樂甲申進士拜工科給事中陞吏科右給事中進監察御史

宣德庚戌授

勑封公如其官亨信又陞都察院右僉都御史出贊甘肅戎務茂著勞績

賜誥褒崇贈公如今官配黃氏有淑德初贈孺人今贈恭人二子長即亨信次勝琺早世女一適梁彥義孫男三泰賓敬孫女六皆歸名族公生元甲午十二月初五卒正統丁巳六月十九壽八十有四卜己未閏二月二十二日合葬麻地嶺祖塋之左銘曰

猗維中憲士之良兮　孝友之行著于鄉兮　嚴訓諄諄皆義方兮

子為憲臣勳名彰兮　推恩封贈沐寵光兮　新阡峩峩固所藏兮

銘以焯德百世不忘兮

大明敕封征仕郎南京礼科给事中翠林卢公(宾)行状

一四五〇年

明景泰元年（1450）立石。彭谊书丹。

碑中间有一道缝，裂成两块。碑通高95.5厘米，宽63.5厘米，厚4.5厘米。碑额篆书阴刻“大明敕封征仕郎南京礼科给事中翠林卢公行状”19字。碑文楷书，24行，行42字不等，字径1.2厘米，除个别字外字迹清晰。

碑文：

大明敕封征仕郎南京礼科给事中翠林卢公行状

正议大夫□治尹南京礼部左侍郎同邑□□□撰文

文林郎湖广道监察御史同邑彭谊书丹

公讳宾，字映滨，东莞之世家。其先南雄人讳焕午者始迁宝安，登宋绍定进士，生金璧。金璧生礼卿，礼卿生原敏，皆儒业，有隐操。原敏，公之父也。公甫十岁，失所怙，每念先人早逝，其养弗逮，心意惨怛，不能自释。奉母何氏，曲尽孝敬。有女兄者，母所钟爱，将归，及期，斥产资之，以顺适母意。族人有倚尊□其田者，公谨事之，卒感愧其人，还所侵田。邻有贫者，佃它人地以居，不能供岁租。其主欲以地售公，公曰：“地若归我，彼必将他徙而无所居也。请售于贫者，吾代偿其值。”贫者竞□□为德无□。尝有田为强横者所侵併，诸幼欲闻官，公曰：“无庸往，若知理，自不妄为，彼既悖理，又焉能久？天迪吉□而逆□？彼之为行且及矣，姑俟之。”既而横者果败，侵没悉复，乡党皆服公识量。公天性淳朴，待人无□，幼□不欺，人有善则极口称道，人言悖理则避席起，未尝扬人过。以故人皆敬重，虽素暴慢者见之亦为敛容，而皆称为善人也。晚年尤尚简静，绝意世故，所居环植嘉木，日与所知觞咏其下，因自号翠林翁。邑大夫贤之，尝延为乡饮宾。读书不求章句，务通大义而已。营生不事末作，□艺之外，弗以之衣食。常有节，非礼不动，凡值葬祭，一遵古礼，未尝惑于俗尚。

公子曰宽曰祥，皆颖秀。公进之于学曰：“吾宗代有闻人，罔俾讫兹，绳往熙来，□在若等，若其敬戒不怠哉！”宽后以葩经中乙榜，历官至上高教谕，以善教称。祥以《春秋》登正统壬戌进士第，授南京礼科给事中，克举其官，卓有举处。正统己巳秋，寝疾既久，一日晨兴不怿，呼少子宏、完等嘱之，曰：“吾平生少疾，药物未尝经口，今以衰老之年，□□如□，势复大渐，殆将不起乎？中子祥远官南京，不得一诀，然能一□首公，鞠力树业，以无忝官方，则吾暝地下矣。况今草窃放横，乡土罹酷，吾死之日，慎无修佛事，厚葬具以家□，以重吾过也，小子识之。”言毕而逝。先时，朝廷以公贤子祥，封公如祥官，命下而公不及见矣！呜呼！为善获福，宜寿宜禄，而乃止于斯，岂非命耶？

公生于大明洪武甲寅正月二十日，终于正统己巳八月初六日，享寿七十有六。配李氏，有淑德，封太孺人。大夫子四，长即宽，次即祥，次宏，次完；女四，梁璲、郑治、祁秉刚、利用，其婿也；孙男十余人，皞乡贡进士，皝、昉、旸、曦、士勤、士慎、士廉、士能、士洁、廷用、廷举、廷佐、俊俨。将以景泰元年岁次庚午冬十二月十八日，葬林家坑卢屋岭丙午向、祖茔之次。以余知公悉，请状行实，谨述其言行如此，以俟立言君子采择云。

景泰元年岁次庚午冬十一月望日

大明敕封徵仕郎南京禮科給事中翠林盧公行狀

明景泰八年（1457）立石。

碑通高75厘米，宽49.5厘米，厚7厘米。无碑额，碑文楷书阴刻“制加赠通议大夫右副都御史罗公淑人黄氏墓”等45字，字迹清晰。

碑文：

制加赠通议大夫右副都御史罗公淑人黄氏墓

大明景泰八年岁次丁丑三月吉日

孝男亨信、孙泰、宾、曾孙珙重修

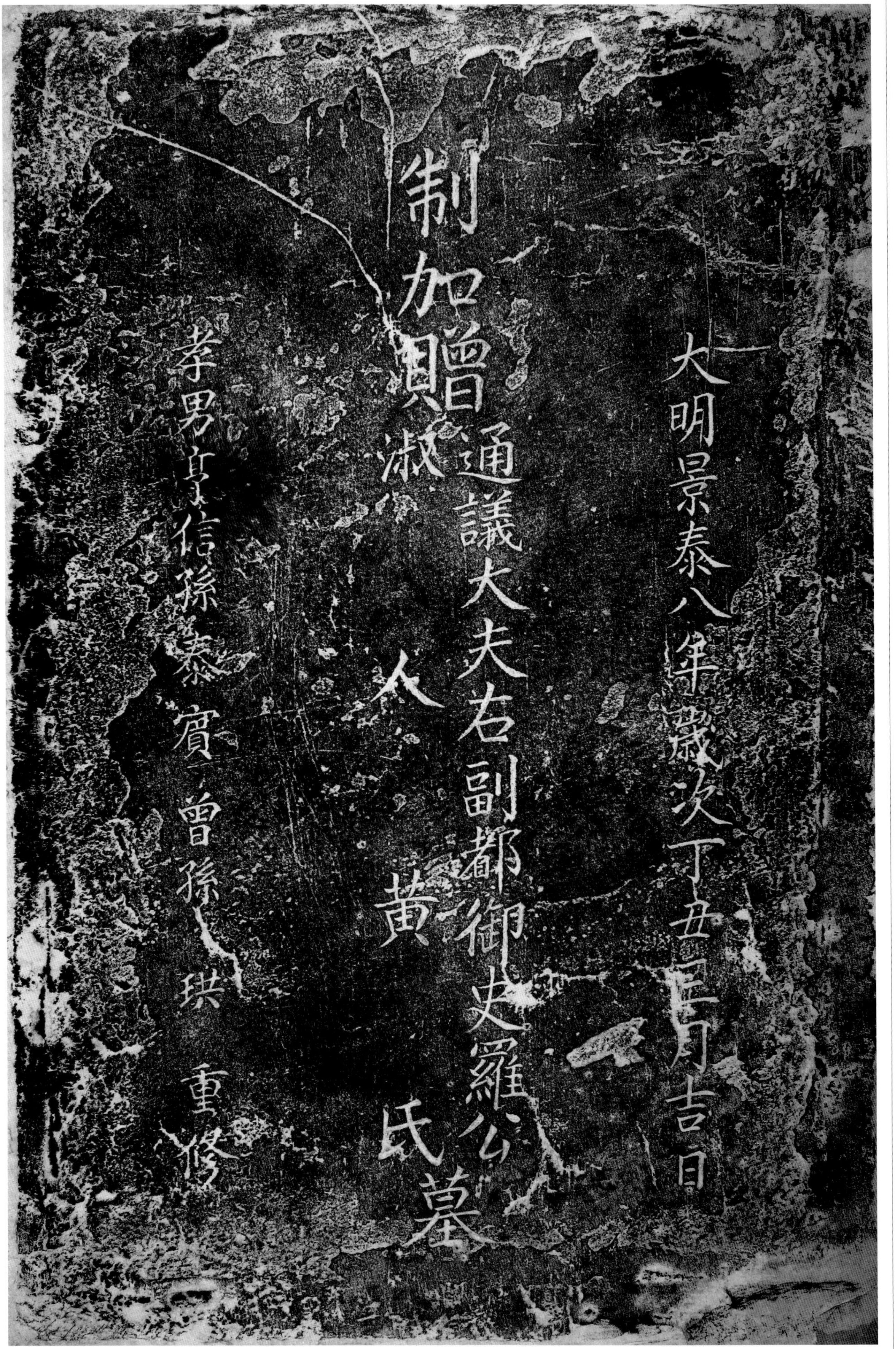
大明景泰八年歲次丁丑三月吉日
制加贈通議大夫右副都御史羅公
淑人黃氏墓
孝男享信孫泰賓曾孫珙重修

制赠通议大夫右副都御史罗公淑人王氏墓

一四五七年

明景泰八年（1457）立石。

碑通高74.5厘米，宽50厘米，厚7.5厘米。无碑额，碑文楷书阴刻“制赠通议大夫右副都御史罗公淑人王氏墓”等45字，字迹清晰。

碑文：

制赠通议大夫右副都御史罗公淑人王氏墓

大明景泰八年岁次丁丑三月吉日

孝孙亨信、曾孙泰、宾、玄孙珙立石

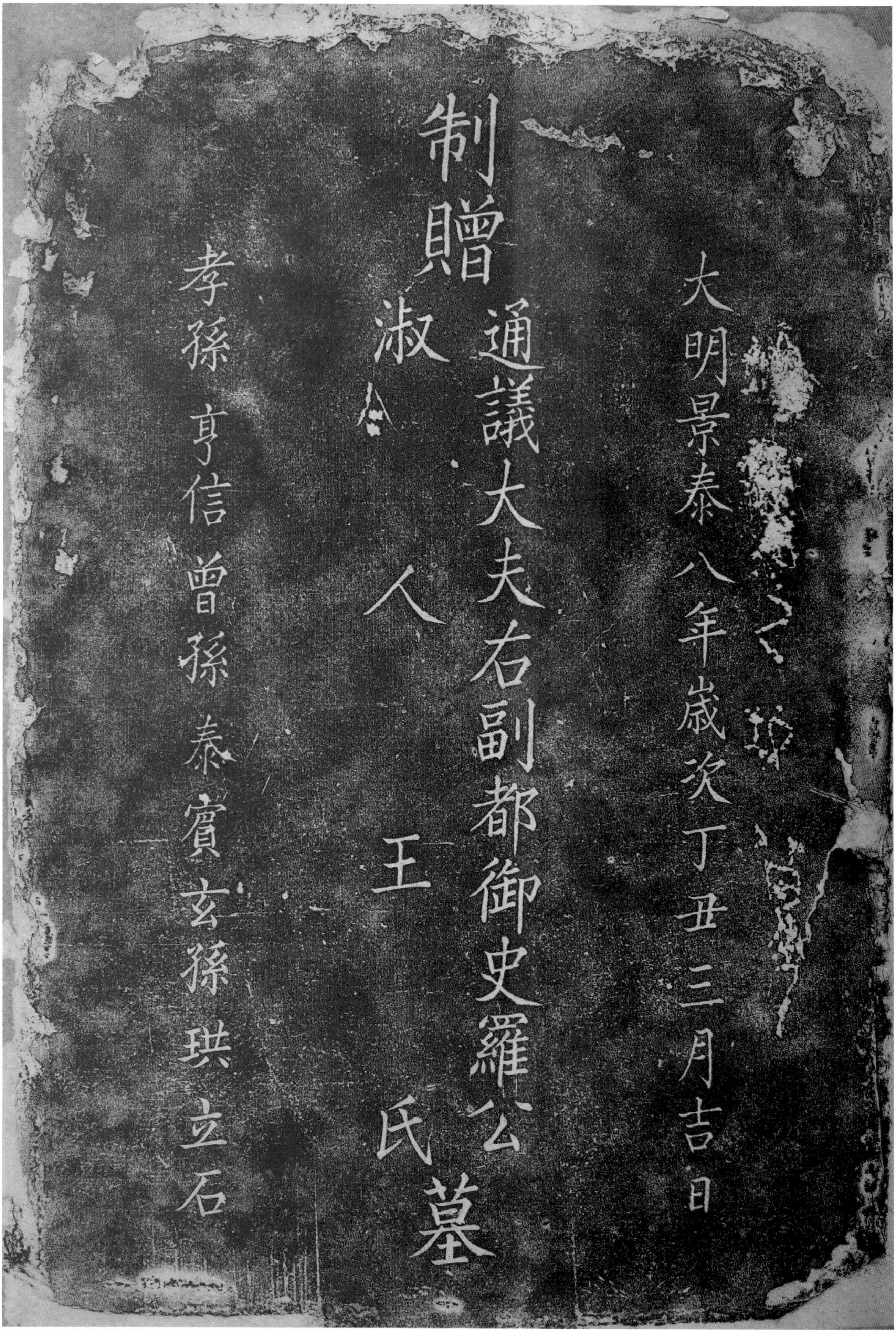
大明景泰八年歲次丁丑三月吉日
制贈通議大夫右副都御史羅公
淑人王氏墓
孝孫亨信曾孫泰賓玄孫珙立石

7 张氏祠堂记 一四五七年

明天顺元年（1457）立石。吕原书。

灰岩，圆首，周边饰以花纹。碑通高200厘米，宽78厘米，厚10厘米。碑额篆书阴刻“张氏祠堂记”5字。碑文楷书，17行，行42字，字径2厘米，除个别字外字迹清晰。〔民国〕《东莞县志》（卷92页7）有著录。

碑文：

张氏祠堂记

祠堂之设，古未有也。古者天子七庙，诸侯五庙，大夫三庙，士二庙，官师一庙，庶人无庙祭先于寝。其制秩然而不可紊。迨宋紫阳朱子以义起，礼始有祠堂之制。后人仿而作之者甚众。东莞张氏，系出唐相文献公九龄弟九皋之后。宋淳化间，有讳岘者，自闽之福清来，为海丰尉，后迁东莞，因家焉。迄今十有四世，衣冠相承，挺为仕族。九世孙前户部司务志逊，首倡大义，捐己资，率族人置祭田若干亩，创祠于三世祖种庵公墓侧，以奉先祀。是后子孙日益繁盛，堂狭，弗克以容。宣德庚戌之冬，十世孙忠惠继承先志，复捐地数亩，取祀事余资，叔志良鸠工聚材，广堂之制，作厅于前，创室于后，作庑于左右，门、墙、庖、庾罔不备具，不隘不奢，坚好完美。于是奉先有堂，燕会有所，上得以致其将事之敬，下得以笃其合族之情，昭穆以之而明，尊卑以之而序，其用心之仁而厚也，彰彰矣！

嗟夫！人道莫大于报本，报本莫重于祭飨。君子之于报本追远之道，盖无所不用其诚。故为主，所以依神也；为庙，所以栖神也；神得所依栖，从而奉承之，庶乎神明之及交也。张氏于奉先之道，有司务君作之于前，有忠惠继之于后，宜无不尽其羡矣。顾后之为子孙者，有事斯堂，可不思所以继述先志而图惟敬承之哉？继承之道，仁义其要也。学以明之，诚以行之，而持久不息焉。由是而衍之，百世而千万世，愈远而愈隆，弥久而弥笃，非惟无忝于厥先，而祭必将有以受福矣。忠惠因其甥户部主事袁君衷来请余记，余重张氏子孙能世笃事先之道，故乐为之书。俾刻诸贞石，以诏于来裔云。

天顺元年岁在丁丑春三月既望，赐进士及第奉议大夫通政司参议兼翰林院侍讲学士经筵官嘉禾吕原书。

嘉靖三十五年岁在丙辰仲冬吉日，十三世孙曰礼、应麒等建立。

编者注：碑文中凡磨灭难辨之字均据〔民国〕《东莞县志》补全。

張氏祠堂記

明天顺三年（1459）立石。

碑通高68厘米，宽48厘米，厚11厘米。无碑额，碑文阴刻“故通议大夫左副都御史致仕罗公赠淑人刘氏墓”等48字，字迹清晰。

碑文：

故通议大夫左副都御史致仕罗公赠淑人刘氏墓

大明天顺三年岁次已卯十二月吉日

孝男泰、宾、孙珙、瓒、瑜等泣血立石

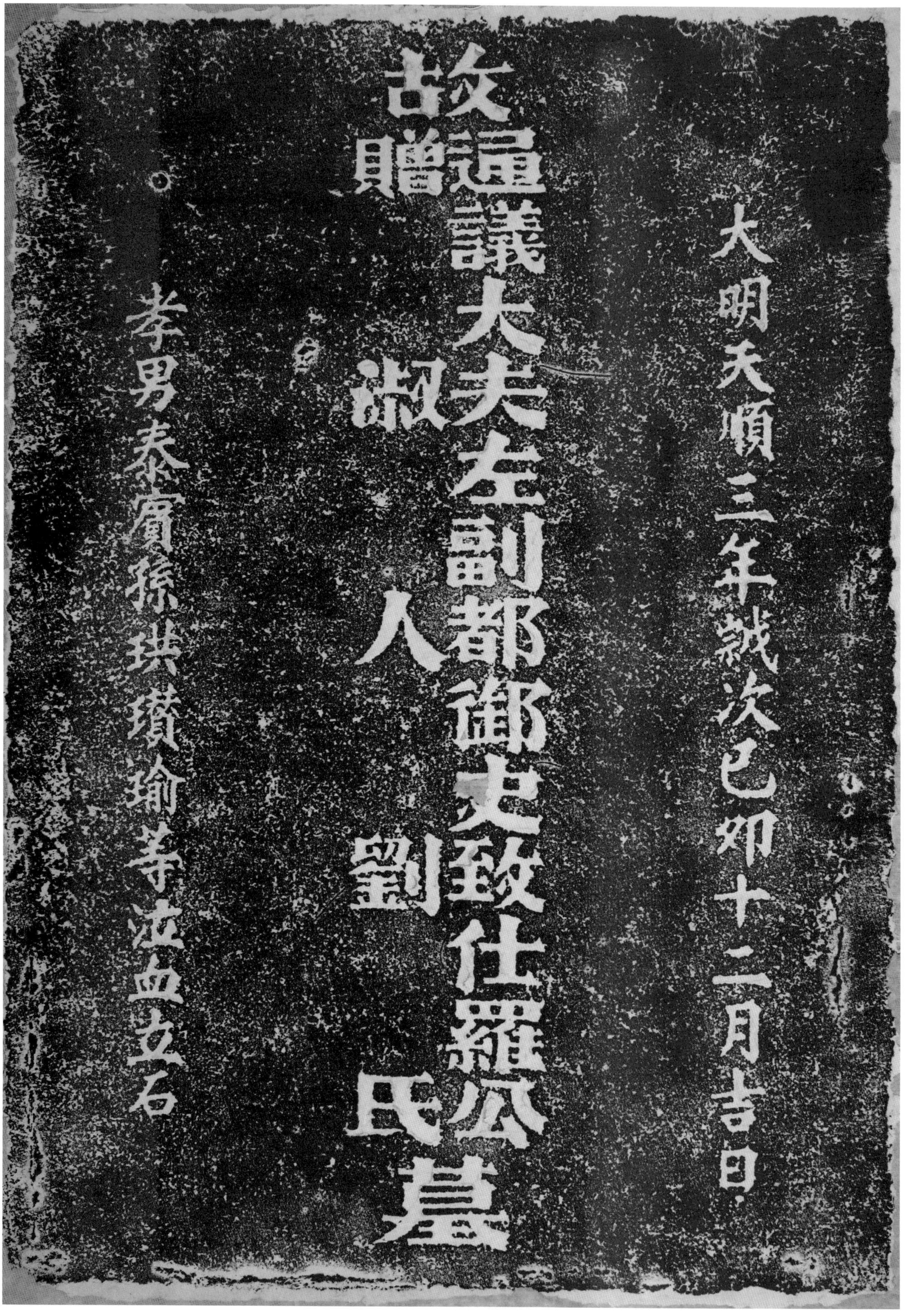
大明天順三年歲次己卯十二月吉日

故通議大夫左副都御史致仕羅公

贈淑人劉氏

墓

孝男泰賓孫珙璸瑜壽泣血立石

9

故通议大夫都察院左副都御史罗公神道碑铭

一四五九年

明天顺三年（1459）立石。王直撰文，马昂书丹，沈固篆额。

碑下部残，残存部分高90厘米，宽97厘米，厚5厘米。无碑额，正文题名为“故通议大夫都察院左副都御史罗公神道碑铭”。碑文楷书，23行，字径3厘米，文字多漫漶不清。〔民国〕《东莞县志》（卷92页8–10）有著录。碑中缺字以康熙刻本《觉非集》（卷10页28–31）中王直所撰《罗公神道碑铭》补全。

碑文：

故通议大夫都察院左副都御史罗公神道碑铭

资政大夫吏部尚书泰和王直撰文

资政大夫兵部尚书大梁马昂书丹

资政大夫户部尚书丹阳沈固篆额

公罗氏，讳亨信，字用实。其先南雄人，后徙东莞之英溪。高祖俊，曾祖应辰，祖德宽，父祖昌，俱不仕，而以公贵，祖考皆累赠至右副都御史，妣皆赠淑人。公自幼知学，喜读书，年十二丧其母，即能以礼服丧。选为学官弟子，业成。永乐癸未，以《诗经》领乡荐，明年取进士，授工科给事中，命往嘉兴视水灾，奏免嘉兴、海盐、崇德三县粮税，以苏民困。丁内艰，起复调吏科给事中，升右给事中。坐累谪为吏交趾。公虽贬降，而益勤于事，分所当为者无不为。久之，用荐起拜山西道监察御史，赐白金。命往通州，察仓库之弊，得老奸宿蠹若干人，皆伏法。巡按真定等府，旌廉黜贪，勉饬学校，人知劝沮。清军山西，凡阅五万余名，无枉漏者。丁继母何夫人忧，命驰驿奔丧，即起服。既至京，大臣有言其堪任方面者，诏复旧任，食正五品禄。宣德乙卯，升右佥都御史，赐楮币，命同武员往平凉、庄浪等八卫练兵，以备边。公殚心尽力，夙夜不懈。上念边境寒苦，降敕勉劳，各赐文绮二副，公益感激自励。正统丙辰，仍与都督赵安率师巡边，赐红纻丝衣以行。正统戊午，丁外艰，有旨夺情视事。明年，殄虏功成，升俸一级，纻丝四表里、白金四十两，始命驰驿归葬父。陛辞，赐钞千缗。公葬毕还京，敕赐钞一千贯，命往大同、宣府，督屯种务，兴利除害，为久安计。公自是在边者二十年，朝廷任之以腹心，用之为耳目，而公之志亦始终无间。于分屯之远近，道里之险夷，土壤之肥瘠，将校之设施，士卒之勤惰，地利之厚薄，饷运之难易缓急，与夫巡守候望寒暖之宜，无不周知。有言于上，必思之精，议之孰无不当于人心。故所言无不听而行之，无不适其可。若公者，非忠诚体国之君子欤？公尝言，城临虏境，人心易摇，宜严失守之律，犯者必诛。上是其言，升左副都御史，赐白金二十两，纻丝二表里，自是人有固志。时公年逾七十，且有疾，上章乞骸骨，不许。而公在边，又以擒贼功受白金、文绮之赐。秋七月，上察公实老病，令佥都御史任宁代公还。俾致仕，凡有馈赠，皆不受。陛辞，赐红纻丝表一袭。公至乡里，始营居室，修祠堂，治先垅，建义斋，以训子孙及姻戚子弟，怡然自乐也。

盖归八年，至天顺丁丑十月廿五日以寿终。距其生洪武丁巳十月二十八日，享年八十一。配刘氏，初封孺人，再赠恭人，三赠淑人。子男泰，女六人。公在交趾，又娶黄氏，子男宾，女一人。其婿则陈谆、邵瑄、封礼、陈项、张与耕、翟谦、钟辕也。孙男四，珙、瓒、璟、瑜。讣闻，上念公有劳绩，命礼部赐祭，工部为治坟茔供葬事。子泰等以天顺己卯年十二月二十五日奉公柩与刘氏合葬于麻地岭祖茔巽向之原，而以行状来请铭。予与公同年取进士，又同官京师且久，而公先致其事以去。盖尝惜公不得相与从容于暮年，而今乃属笔铭公墓，奚可辞？

铭曰：于维南越产此奇，山川清淑钟令仪。诗书礼乐当盛时，巍科峻擢登赤墀。黄门绣衣罔不宜，奉命出入扬恩威。经济实借文武资，声名赫奕纷四驰。臣心报国无穷期，臣身已老才力衰。乞骸幸得副恳祈，九重霈泽流华滋。归来林下介寿祺，奈何仙去杳莫追。子孙孙子百世思，高坟峨峨葬有碑，后世考实征吾诗。

大明天顺三年岁次己卯十二月廿五日癸酉孝男泰、宾等立石。

故[illegible]大夫都察院左副都御史羅[illegible]墓誌銘

[illegible]

[illegible]字用[illegible]

[illegible]鄉解[illegible]第中[illegible]

[illegible]府陞[illegible]

[illegible]陞右僉都御史[illegible]

上念[illegible]邊苦寒[illegible]

[illegible]白金四十兩始命[illegible]歸[illegible]

勑賜欽令往大同宣府督屯種務興利除害為久計[illegible]

朝廷之以腹心用之為耳目而公之志[illegible]

周知有言於

上必思之詳議之務樂不當者入心故所言無不[illegible]

上是其言陞左副都御史賜白金二十兩紵絲二[illegible]

上察公老病令僉都御史任寧代公還任公[illegible]

天順丁丑十月二十五日以壽終距其生洪武[illegible]

訃聞[illegible]賜封禮際頃裴與排程無鋒承孫[illegible]

上念公舊勞續命禮部賜祭工部為治墳[illegible]

官京師且以而公乃克終其事以去[illegible]

於維此奇山川清淑鍾令[illegible]

國無[illegible]臨身已老力衰乞骸得副[illegible]

上重乘澤流帝茲歸來林下介壽祺去向仙去杳莫追子孫孫[illegible]

大明天順三年歲次己卯十[illegible]

大明敕加赠中宪大夫都察院右佥都御史翠林卢公(宾)墓志铭

一四六八年

明成化四年（1468）立石。韩雍撰文，陈濂篆额并书丹。

碑通高93厘米，宽61厘米，厚4厘米。碑额篆书阴刻“大明敕加赠中宪大夫都察院右佥都御史翠林卢公墓志铭”24字。碑文楷书，24行，行46字不等，字径13.厘米，除个别字外字迹清晰。

按：卢宾，号翠林，卢祥之父。卢祥（1402—1468），字仲和，号行素，东莞樟村人。正统七年（1442）进士，历任南京礼部给事中、南京太仆寺少卿、顺天府丞、都察院右佥都御史。成化元年（1465）秋，率兵击败毛里孩，皇帝下旨表彰其功。著《行素集》，编《东莞县志》。卢祥卒后，皇帝派广东布政司左参政张瓒前往祭奠，并赐建“清白流芳”牌坊以作纪念。

碑文：

大明敕加赠中宪大夫都察院右佥都御史翠林卢公墓志铭

赐进士资政大夫钦差总督两广军务都察院右副都御史姑苏韩雍撰文

赐进士资政大夫钦差巡抚广东都察院右副都御史鄞州陈濂书丹篆额

成化丁亥冬，都察院右佥都御史东莞卢君仲和致政归。余时奉命总督两广军务。一日，仲和诣余公寓，请曰：“先君子翠林公之葬宰木拱矣，然墓石未有刻词，非敢缓也，盖有待也。今幸休致归，所以图不朽者，唯执事是赖，幸矜而畀之铭。”遂以其同邑南京礼部左侍郎陈琏先生所述事状，泣拜以请。余与仲和，同年又同官，相知为深，义不可辞。按状，公讳宾，字映滨。其先南雄人讳焕午者始迁宝安，宋绍定间进士。值时不靖，遂不仕。进士生金璧，金璧生礼卿，礼卿生原敏。原敏，公之父也。公十岁而孤，奉母何氏曲尽孝敬。每念父不逮养，言及必悲不自胜。有女兄，母所钟爱，将归，斥产资之，以顺适母意。族人有倚尊□其田者，公谨事之，卒感愧其人，以田归之。有武断乡曲者，田为所侵，诸幼欲闻官。公曰：“彼知理自不妄为，彼既逆理，天可逆乎？”无何，其人果败，田复其旧。众服公识量。邻有佃人之地以居，贫不能供岁租。其人欲以地售公。公曰：“地归我，后将焉依？”劝之售与贫者，而代偿其值，惠之及人者多类是。盖好施本乎天性，非立异以为高也。见人之善者，奖重有加；人之恶者，远绝之，而不扬其过。故无小大贤愚皆称为长者。读书通大义，以往事为劝戒。晚年绝意世故，所居环植佳木，日与所知觞咏其下，自号翠林翁。邑大夫岁延为乡饮大宾，其见礼重如此。平居非礼不动，值葬祭一遵古制，不惑俗尚。

配李氏，□惠有淑德。子长曰宽，次曰祥，皆颖秀异常。公诲之曰：“修德力学，斯不负美质，踵前徽，启后人，责在若等。”宽领永乐癸卯乡荐，任上高教谕。祥登正统壬戌进士第，任南京礼科给事中。正统己巳秋，公寝疾。一日，呼少子宏、完，嘱之曰：“吾死之后，慎无作佛事，厚葬具，以重吾过。祥归，宜语以能首公树勋，无忝厥职，则吾瞑目无憾矣。”言毕而逝。朝廷封公如祥官，命下而公不及见矣。

公生于大明洪武甲寅正月廿日，终于正统己巳八月初六，享年七十有六。景泰庚午十二月十八日，葬林家坑卢屋岭丙午向、祖茔之右。李氏生洪武己未八月二十日，终天顺庚辰闰十一月二十一日，享年八十有二，与公合葬。公先封征仕郎南京礼科给事中，累赠今官；李氏先封孺人，累赠恭人。子男四，即宽、祥、宏、完；女四，梁璲、郑治、祁秉刚、利用，其婿也；孙男十六人，皡、皝、昀、晭、皭、士勤、士慎、士廉、士能、士洁、士□、廷用、廷举、廷佐、俊俨□□□□任训导，昀、晭皆举人。曾孙男三十八人。

呜呼！公力善种德，庆延后昆，荐荷宠恩，光贲泉壤，天之福善，有足征矣！是宜铭曰：

卢氏肇迁 粤自南雄 显名甲科 世称儒宗
猗欤翠林 德萃厥躬 仁人厚泽 乡闾所蒙
吉人广誉 众口攸同 致有令子 荐跻显庸
恩命下临 再荷褒封 福善之报 光荣始终
厥配惟贤 内行肃雍 林坑之原 敞兹幽宫
昭潜有铭 垂耀无穷

成化四年岁次戊子夏四月望日

大明勑加贈中憲大夫都察院右僉都御史翠林盧公墓志銘

大明□□贈中憲大夫都□□□□□□□□□□□□
賜進士資政大夫　欽差總督兩廣軍務都察院□副□史姑蘇韓雍撰文
賜進士資政大夫　欽差巡撫廣東都察院右副都御史鄭州陳濂書丹篆額
成化丁亥冬都察院右僉都御史東莞盧君仲和致政歸余時奉　命總督兩廣軍務一日仲和詣余公寓請曰先君
翠林公之墓宰木拱矣然墓石未有刻詞非敢緩也蓋有待也今幸休致歸所以圖不朽者唯執事是賴幸務而畀之銘
以其同邑南京禮部左侍郎陳璉先生所述事狀泣拜以請余与仲和同年又同官相知為深義不可辭按狀公諱實字
濱其先南雄人諱煥千者始遷寶安宋紹定間進士值時不靖遂不仕進士生金璧金璧生禮卿禮卿生原敬原敬公之父
也公十歲而孤奉母何氏曲盡孝敬每念父不逮養言及必悲不自勝有女兄母所鍾愛將歸斥產資之□以順適母意族
有倚勢奪其田者公謹事之卒感愧其人以田歸之有武斷鄉曲者田為所侵諸幼欲聞官公曰彼知理自不妄為彼既
理天可逆乎無何其人果敗田復其業衆服公識量鄰有□人之地以居貧不能供歲租其人欲以地售公公曰地歸我後
將焉依勸□售與貧者而代償其逋負之及人者多類是蓋好施本乎天性非立異以為高也見人之善者獎重有加人之
惡者遠絕之而不揚其過故無小大賢愚皆稱為長者讀書通大義以往事為勸戒晚年絕意世故所居環植佳木日吟□
知觴詠其下自號翠林翁邑大夫歲延為鄉飲大賓其見禮重如此平居非禮不動值墓祭一遵古制不惑俗尚配李氏□
惠有淑德子長曰寬次曰祥皆穎秀異常公誨之曰修德力學斯不負美質□前徽啟後人責在若等寬領永樂鄉薦為
任上高教諭祥登正統壬戌進士第任南京禮科給事中正統己巳秋公寢疾一日呼少子宏屬之曰吾死之後慎毋作
佛事厚葬其以重吾過祥歸宜語以能盡公樹勳無忝厥職則吾瞑目無憾矣言畢而逝　朝廷封公如祥官　命□
而公不及見矣公生於　大明洪武甲寅正月廿日終于正統己巳八月初六日享年七十有六景泰庚午十二月十□
日葬林家坑盧屋嶺丙午向祖塋之右李氏生洪武己未八月二十日終天順庚辰閏十一月二十一日享年八十有二
公合葬公先　封徵仕郎南京禮科給事中累　贈今官李氏先　封孺人累　贈恭人子男四即寬祥宏□□
四梁琰鄭治祁秉剛利用其婿也孫男十六人曰□□鳴睍璽士勤士慎士廉士能士潔士賢廷用廷舉廷佐俊□□孫□□
任訓導鳴晌皆舉人曾孫男三十八人嗚呼公力善種德慶延後昆若斯龍恩光賁泉壤天之福善有足徵矣□
銘曰　盧氏肇遷粵自南雄顯名甲科世稱儒宗猗歟翠林德卒厥躬仁人厚澤鄉閭所崇
吉人當譽衆口攸同致有令子聲譽顯庸恩命下臨再荷褒封福善之報光前始終
一□配惟賢□行肅雍林坑之原歛藏幽宮昭潛有銘弗替無窮
成化四年歲次戊子夏四月望日

明成化四年（1468）立石。

碑通高55厘米，宽75厘米，厚3厘米。无碑额，居中楷书阴刻“制加赠中宪大夫佥都御史翠林卢公恭人李氏墓”20字，碑文楷书，12行，行24字不等，字径2厘米，除个别字外字迹清晰。

碑文：

制加赠中宪大夫佥都御史

翠林卢公恭人李氏墓

公讳宾，字映滨，以字行，宋进士焕午公玄孙也。生于大明洪武甲寅正月二十日，终于正统己巳八月初六日，享年七十有六，葬林家坑卢屋岭丙午向。以次子祥贵，初封征仕郎礼科给事中，加赠中宪大夫、都察院右佥都御史。元配李氏同邑□桥人，生于洪武己未八月二十日，终于天顺庚辰闰十一月二十一日，享年八十有二，与公合葬。以子祥贵，初封孺人，加赠恭人。生男四人，长宽，永乐癸卯举人、上高学教谕；次祥，正统壬戌进士、佥都御史。次宏，次完。女四人，孙男十六人。公行实详载同邑陈侍郎所撰行状，姑苏韩都□□撰墓志铭。

大明成化四年戊子（缺）男祥等立石。

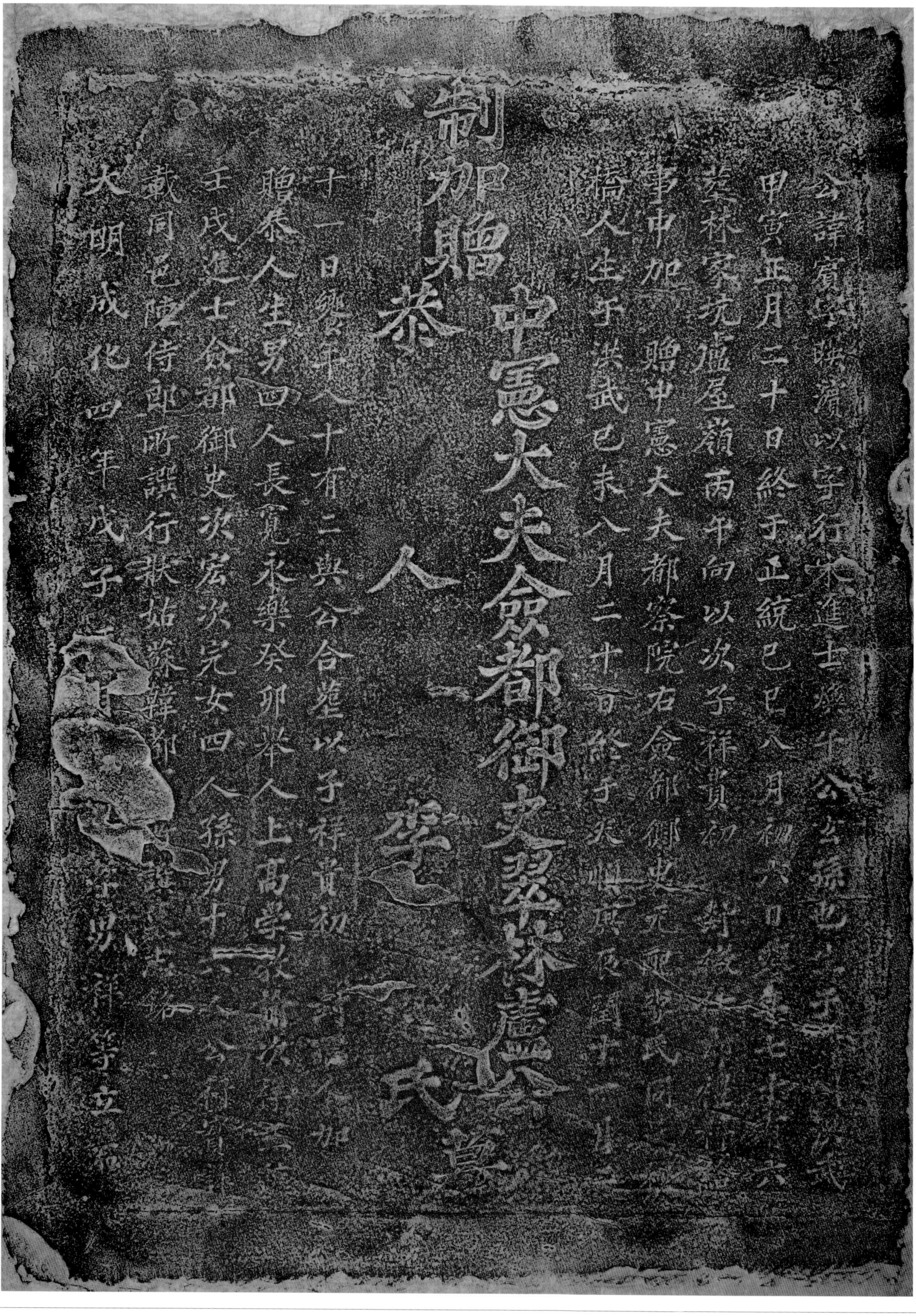

公諱賓[illegible]以字行宋進士[illegible]公玄孫也[illegible]
甲寅正月二十日終于正統己巳八月初六日[illegible]七十六
其林家坑爐屋嶺丙午向以次子祥貴初封[illegible]
事中加贈中憲大夫都察院右僉都御史元配李氏[illegible]
橋人生于洪武己未八月二十日終于天順庚辰[illegible]十一[illegible]
制贈中憲大夫僉都御史翠峰孫[illegible]墓
加贈恭人[illegible]李氏
十一日[illegible]年八十有二與公合塟以子祥貴初[illegible]
贈恭人生男四人長寬永樂癸卯舉人上高學教諭次[illegible]
壬戌進士僉都御史次宏次完女四人孫男十[illegible]
載同邑陸侍郎所譔行狀姑蘇韓都[illegible]
大明成化四年戊子[illegible]孫男祥[illegible]等立石

明成化八年（1472）立石。丘濬撰文，翁祯书丹，黄结篆额。

板岩，圆首，四周饰以花纹。碑上部及右侧多捶凿痕。碑通高131厘米，宽87厘米，厚10厘米。碑额篆书阴刻“东莞县重建儒学记”8字。碑文楷书，21行，满行40字，抬头高1或2字，字径2.8厘米。字体隽秀，字迹清晰。碑文收入《四库全书》本丘濬的《重编琼台会稿》卷16，但有删略，不及此碑详尽。〔民国〕《东莞县志》（卷92页12–13）亦载全文。

碑文：

东莞县重建儒学记

赐进士第翰林院侍请学士兼修国史经筵官琼山丘濬撰文

昭勇将军南海卫指挥使翁祯书丹

辽府长史奉议大夫邑人黄结篆盖

岭南人才最盛之处，前代首称曲江；在今世，则皆以为无逾东莞者。盖入皇朝以来，逾百年于兹，岭海人士，列官中朝长贰台省者，无几何人，而东莞一邑，独居其多。君子推原所自，咸归重于学校育材之效焉。东莞县学肇始于宋，历元至今，凡几废几修矣。然皆有而未备，备而弗华。成化丙戌，予友范君彦理来知县事。既三年，振作斯文，大兴学校。若大成殿，若两庑，若戟门，若棂星门，若文昌祠，若会馔堂，若斋庐，若庖厨，则鼎新之；若明伦堂，若左右两斋，若观德亭，若五贤祠，则修葺之；若先师，若四配，若十哲，若从祀诸儒，若帝君，则又饰其肖像，与增塑焉。规制大备，文彩绚耀。邑人士以为自有邑学，未有如此之盛者也。费一出于己资，与凡士夫之乐助，官与民咸弗与焉。

於乎，若范君者，谓之知所先务非邪？荀子有言：上臣报国以人。盖谓荐贤也。然荐贤止于一人，孰若养贤之得人为多？养贤止于一时，又孰若广养贤之地以储蓄造就之，使人才有无穷之用为多哉？学校者，养贤之地也。今天下郡县无有无学校之处，而其人才之生，或有焉，或无焉，或间有焉，不能一一皆齐。而东莞人才之盛且显，独甲于岭南，则夫异时储积所得，教导所成，以为国家用者，不独在一时，且将流于数世之后。则范君报国之心，宁有既耶！尔东莞士生长是邦而游学于斯，尚当奭然以贤才自居，期以媲休于乡贤之先达者，由是而进之唐宋诸贤。使天下后世之人，视今日岭海间之有东莞，亦犹曲江之在前代也，顾不伟欤！于是乎书以俟。

彦理名伦，先世自嘉禾谪戍琼海，因家焉。由乡贡进士，卒业太学，授今官。求余文者，儒学教谕杨扮，训导陈瑜、夏正。扮、正俱庐陵人，瑜三山人。

成化八年龙集壬辰八月既望，县丞朱瑄山、主簿马善、典史聂佐、督工生员何张、宁宽、县吏曹福、老人朱恪立。

编者注：（1）碑文中凡磨灭难辨之字均据〔民国〕《东莞县志》补全。

（2）此碑所记乃成化二年（1466）东莞知县范彦理重建东莞学宫一事。一切修建费用全由知县范彦理及东莞乡绅赞助，不动官府与百姓一毫。

東莞縣重建儒學記

東莞縣重建儒學記
賜進士第翰林院侍講學士兼脩
國史經筵官瓊山丘濬撰文
昭勇將軍南海衛指揮使翁禎書丹
遼府長史奉議大夫邑人黃紘篆蓋

皇朝以来踰百年于兹嶺海人士列官
中朝長貳臺省者無幾何人而東莞一邑獨居其多君子推原端自咸歸重於學校育材之效焉東莞縣學
肇於宋歷元至今凡幾廢幾脩矣然皆有而未備備而弗華成化丙戌予友范君彥理來知縣事既□年
振作斯文大興學校若大成殿若兩廡若戟門若靈星門若文昌祠若會饌堂若齋廬若庖廚則鼎新之
若明倫堂若左右兩齋若觀德亭若五賢祠則脩葺之若先師若四配若十哲若從祀諸儒若帝君則又
飾其肖像與增塑焉規制大備文彩絢燿邑人士以為自有邑學未有如此之盛者也費一出於已貲與
凡士夫之樂助官與民咸弗與焉於乎若范君者謂之知所先務非耶荀子有言上臣報國以人蓋謂薦
賢也然薦賢止於一人孰若養賢得人之為多養賢止於一時又孰若廣養賢之地以儲蓄造就之使人
才有無窮之用之為多哉學校者養賢之地也今天下郡縣無有無學校之處而其人才之生或有焉或
無焉或間有焉不能一一皆齊而東莞人才之盛且顯獨甲於嶺南則夫異時儲積所得教導所成以為
國家用者不獨在一時且將流於數世之後則范君報國之心寧有既耶尒東莞士生長是邦而游學于斯
尚當奭然以賢才自居期以媲休於鄉賢之先達者由是而進之唐宋諸賢使天下後世之人視今日嶺
海間之有東莞亦猶曲江之在前代也顧不偉歟於是乎書以俟彥理名倫先世自嘉禾謫戍海□
焉由鄉貢進士卒業太學授今官求予文者儒學教諭楊搗訓導陳瑚吳正搗□俱廬□人瑜三山人
成化八年龍集壬辰□月既望 縣丞朱瑄 山□主簿馬善 典史聶佐 督工□□昌 [illegible]

13

明故封征仕郎刑科给事中钟府君（铎）墓志铭并盖

一五〇六年

明正德元年（1506）立石。王鏊撰文，乔宇篆额，刘缨书丹。

板岩，圆首。碑通高77厘米，宽55厘米，厚5厘米。有盖，篆书阴刻“明封征仕郎刑科给事中松雪钟公墓”15字。碑文楷书，24行，行43字，字径1.3厘米，字迹清晰。

按：钟铎（1433–1505），钟渤之父。因其子有功，明弘治十一年（1498）被赐为征仕郎刑科给事中。

碑文：

封征仕郎刑科给事中钟府君墓志铭

嘉议大夫吏部右侍郎前詹事府少詹事兼翰林院侍读学士震泽王鏊撰

中宪大夫督察院右佥都御史中吴刘缨书

中宪大夫太常寺少卿太原乔宇篆

兵科都给事中东莞钟君元溥，给事刑科之三年，先皇帝嘉之，厥考府君，进征仕郎刑科给事中。制云：“敦经学以淑人，化行乡里；严义方以成子，名显甲科。”其重之如此。初，元溥在科时，以二亲春秋高，特上疏归省于家。其后，奉敕按湖贵边储，又便道过其家，奉卮上寿，愉愉如也。比竣事还，过家，而府君卒且廿日，年七十有三矣，弘治乙丑四月廿日也。比含敛已，将复命于朝。道过吴，乞铭于鏊。鏊辞曰：“吴越之相去也远，鏊未尝一日获侍府君，其何以铭之？”顾尝与元溥同朝，见其持论封驳，弗随弗激，人曰“府君之教也”，是足以铭矣乎？而翰林编修刘君可大，实状其行以来。吾郡伯林侯思绍又亟称之，其言宜可信。

按状，府君讳铎，字文振，世为宝安人。大父讳定安，尝分田以赡族人，瀹茗以济道暍，人至今称焉。考讳玘，为人高简，年七十未尝入城府。府君少敦孝友，晚工吟咏，年高行尊，乡邦宗之。然君子论次，其大者则有二焉。古所谓治生不求富，读书不求名者，殆府君之谓耶？岭海之陬，有弃地焉，久秽不治，府君命凿渠引水，芟刈以耕。事垂成，而争者至。府君怃然曰：“吾乌用是为，吾以心田贻子孙耳。”遂以让其人，又以其半与众。滨海鱼盐之利，远近奔赴，府君约其族人，不得怙势挠法、瘠人肥己。於乎，是所谓治生不求富者耶？府君之少也，飭书业文，乡邑论秀，名且上，以亲老遂止。晚卜居城东，偕乡之诸老，结社凤台之西，日饮酒赋诗，散志泉石之间，退然如布衣。然其所谓读书不求名者耶？然德修于隐，庆钟自天，遂生贤子，显获褒命。则让也所以为获，退也所以为进。君子谓：“府君于是乎贤矣。”娶陈氏，寿官东埜之女，封孺人，有淑德。子男四：长濂；次渤，元溥也；次渭；次沂。女二，孙男十、女十一，曾孙男三。将以正德元年春正月初八日，葬于堂园山寅向之原。铭曰：

惟货惟势　溺人如水　孰能去之　超然洁己

洵美封君　伏海之滨　式昭厥志　以昌尔裔

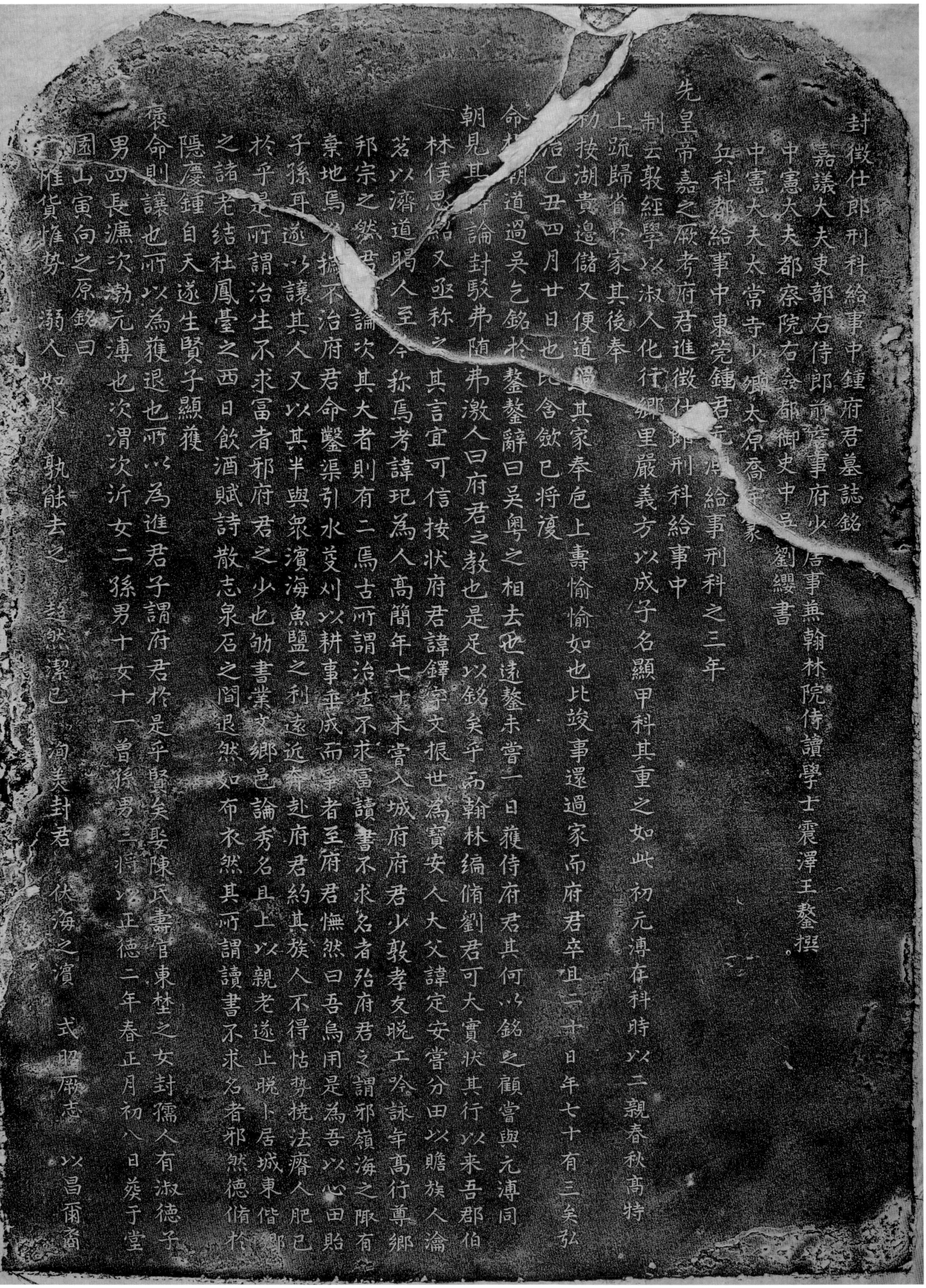

封徵仕郎刑科給事中鍾府君墓誌銘
嘉議大夫吏部右侍郎前詹事府少詹事兼翰林院侍讀學士震澤王鏊撰
中憲大夫都察院右僉都御史中呉劉纓書
中憲大夫太常寺少卿太原喬宇篆
兵科都給事中東莞鍾君元溥給事刑科之三年
先皇帝嘉之厥考府君進徵仕郎刑科給事中
制云敦經學以淑人化行鄉里嚴義方以成子名顯甲科其重之如此初元溥在科時以二親春秋高特
上疏歸省於家其後奉
勅按湖貴邊儲又便道過其家奉卮上壽愉愉如也比竣事還過家而府君卒且二十日年七十有三矣弘
治乙丑四月廿日也比含歛已将窆
命赴
朝道過吴乞銘於鏊鏊辭曰吴粵之相去也遠鏊未嘗一日獲侍府君其何以銘之顧嘗與元溥同
朝見其時論封駁弗隨弗激人曰府君之教也是足以銘矣乎而翰林編脩劉君可大實狀其行以來吾郡伯
林侯思[illegible]又亟称之其言宜可信按状府君諱鐸字文振世為寶安人大父諱定安嘗分田以贍族人淪
茗以濟道暍人至今称焉考諱玘為人高簡年七十未嘗入城府府君少敦孝友晚工吟詠年高行尊鄉
邦宗之然君[illegible]論次其大者則有二焉古所謂治生不求富讀書不求名者殆府君之謂邪嶺海之陬有
棄地焉[illegible]撫不治府君命鑿渠引水芟刈以耕事垂成而爭者至府君憮然曰吾烏用是為吾以心田貽
子孫耳遂以讓其人又以其半與衆濱海魚鹽之利遠近奔赴府君約其族人不得怙勢挠法瘠人肥已
於乎是所謂治生不求富者邪府君之少也劬書業文鄉邑論秀名且上以親老遂止晚卜居城東偕鄉
之諸老結社鳳臺之西日飲酒賦詩散志泉石之間退然如布衣然其所謂讀書不求名者邪然德脩於
隱慶鍾自天遂生賢子顯獲
褒命則讓也所以為獲退也所以為進君子謂府君於是乎賢矣娶陳氏壽官東埜之女封孺人有淑德子
男四長濂次渤元溥也次渭次沂女二孫男十女十一曾孫男三将以正德二年春正月初八日葬于堂
園山寅向之原銘曰
惟貨惟勢 溺人如水 孰能去之 超然潔已 洵美封君 伏海之濱 式昭厥志 以昌爾裔

明正德十五年（1520）立石。陈琏撰文，李绍英书丹。

碑通高56厘米，宽48厘米，厚6厘米。无碑额，正文题名为“宋赐号梅外处士李春叟墓表”。碑文楷书，25行，行43字不等，字径1厘米，字迹大多漫灭不清。陈琏《琴轩集》卷29载《梅外李公墓表》。

碑文：

宋赐号梅外处士李春叟墓表

通议大夫礼部右侍郎前掌国子监祭酒事邑人陈琏撰

自昔有德君子，虽不获大施于当时而盛且大者，恒在其后人焉。盖积之既厚，则发之必茂。今日所以淑诸人者，即异日所以起其家者也。矧承家学之懿，仁声义闻，足以励俗而化人，其宗支之蕃衍，亦理之必然者，予于梅外李公而有征焉。

公之先南雄人，其居东莞，则自朝议公始。至竹隐先生，尤有重名。先生讳用，字叔大，性至孝，喜读书，遂伊洛性理之学。宋忠简公李昴英尝以其著《论语解》进于朝，授校书郎，不就。寻迁承务郎，以旌其高。宪使周梅叟诸公交口荐举，复奏于朝，御书“竹隐精舍”赐之，乡人以为荣。咸淳中，提刑刘叔子命祠于邑庠。先生娶王氏，敕封三安人，生公昆仲三人，而公居长。次得朋，号梅边；次松叟，号梅际，俱以孝行知名。

公讳春叟，字子先，资敏悟，学如夙习。邑宰许巨川见而奇之，勉其进业，矧承家学渊源而覃思经术，遂通《春秋》。凡三中举，初为惠州司户，有政誉。提刑杨允恭奏为肇庆司理。尝辨冤狱，为郡守刘叔子推服，荐除德庆教授。时银场盐局政弊，因上书郭察院深切时病，郭为条奏罢之，民歌于道。既谢事，以经学训生徒，诱掖奖劝甚至，故及门者后皆知名。乡邑化之，儒风翕然为振，由是声闻于朝。复授朝奉郎军器大监，恳辞不就，特赐“梅外处士”号以旌之。时宋主驻跸南服，邑人熊飞起兵勤王，溃归，驻近郊。居民窜匿山谷，飞怒其不附己，欲纵兵捕戮，邑人汹汹。公泣谏，语甚激切。飞素重公，遂止。时群盗乘间剽掠，以公故，多不忍犯邑。岁丁丑，元张吕二帅克广州，哨骑将及邑，众皆危惧。公毅然与张元吉走谒麾下，掉三寸舌，活一邑人命。因命公宰邑，力辞不就，以元吉宰之。是后益无意仕进，横经讲学，以道自任。部使者至邑，必躬谒问政，邑大夫尝造席请益，过者以识为幸。其见重于时类此。娶何氏，封四八太安人。生三子，长时可，宝祐六年以《春秋》中举；次昭可、献可，俱克世其家。二女，长适曾罗溪，次适张某。享年八十，与安人合窆于英村麻地岭坤向。志其墓者，则资中郭应木也。邑人德公不忘，绘像于竹隐祠祀之焉。记其事者，则门人陈庚也。

公性孝友，然伟特方严，风岸峻立，望之知为端人正士。恒以济时行道，尽忠所事为心，成败利钝，初不计恤。而遇事风生，果于决断，矫矫然有三代遗直。其为文，以理为主，雄浑有气；诗典雅温厚，耻作绮丽语，有《咏归集》传于世。素负经济才，遭叔季之世，弗克以究厥施，仕止郎官，人皆惜之。然而名重缙绅，仁洽乡邑，庆流后裔，可谓有德君子矣。公曾孙胜辅间驰书请曰：“惟我李氏，世以文学行义重于乡邑，梅外公之名尤彰。今宰木拱矣，而墓隧之石未刻，幸为文以表于墓。庶几发潜德于九京，俾后世子孙知所自也。”

於戏！仁者必有后，李氏自朝议公至于今，凡十有余世，诗书之绪，继继承承，其大而盛者已兆于今日。则公淑人之德，天之报施，盖未艾也。于是论著公之出处，大节揭于墓道，庶几以慰其后人之思，而信于邑人云。

皇明正德（缺）

编者注：碑文中凡磨灭难辨之字均据陈琏撰、杨宝霖辑佚《琴轩集》（东莞市政协文史资料委员会出版，2000年12月，页1787—1792）补全。

15

宋银青光禄大夫祁公墓

一五三四年

明嘉靖甲午（1534年）正月立石。

碑通高51厘米，宽44厘米，厚7.5厘米。无碑额，楷书阴刻“宋银青光禄大夫祁公墓”等34字，字迹清晰。

碑文：

宋银青光禄大夫祁公墓

山人励布衣定

皇明嘉靖甲午正月戊申日十一世孙等重修

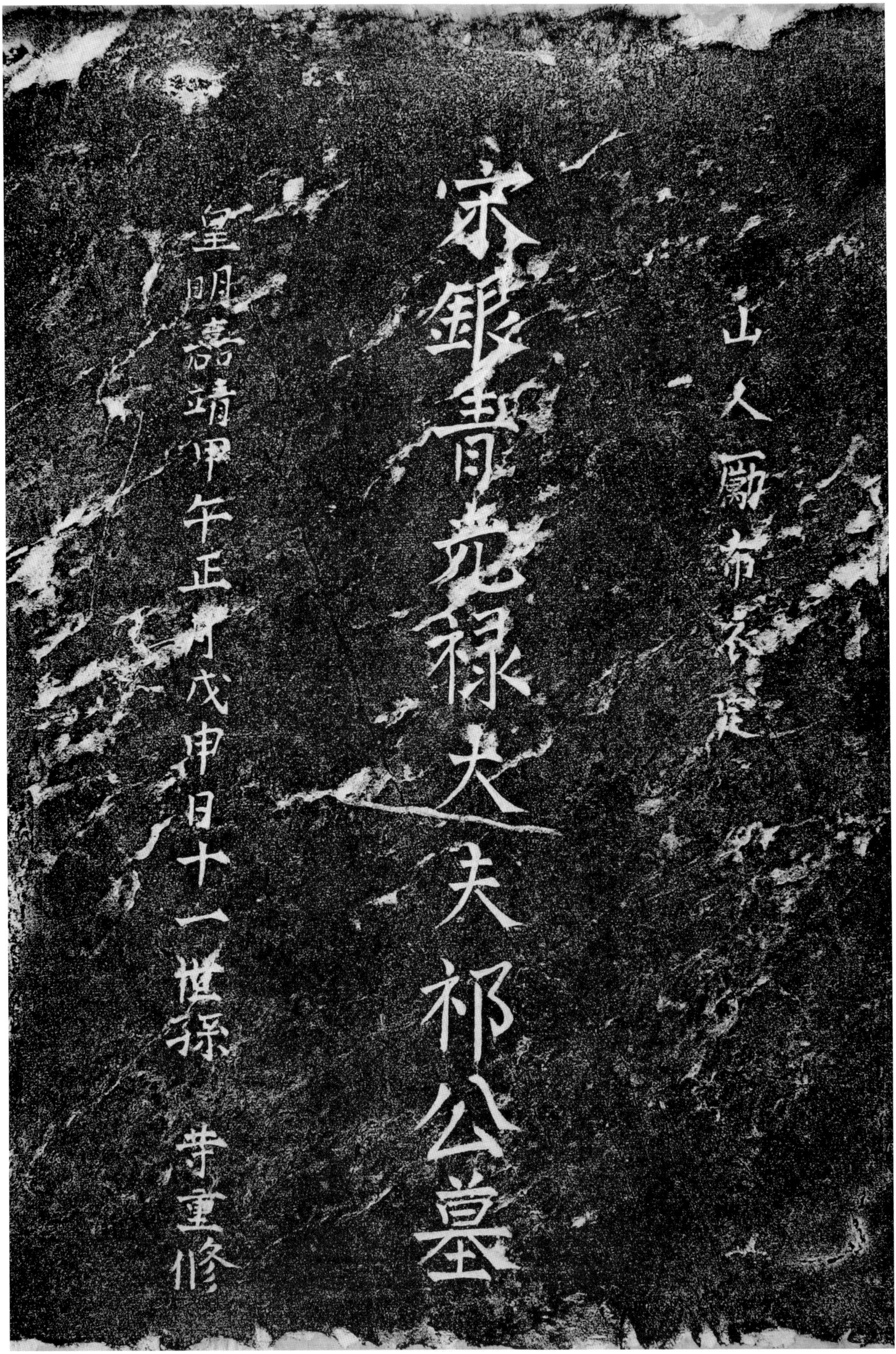
山人勵布衣定
宋銀青光祿大夫祁公墓
皇明嘉靖甲午正月戊申日十一世孫 等重修

明嘉靖二十年（1541）立石，万历二十四年（1596）重修。原存于莞城外演武场（今光明路教场街口一带）。王希文撰文，劳绍科书丹，毕廷拱篆额。

圆首，四周饰以花纹。碑通高153厘米，宽64厘米，厚7.7厘米。碑额篆书阴刻“却金坊记”4字。碑文楷书，30行，满行50字，抬头高1或2字，字径1.5厘米，字迹清晰。〔民国〕《东莞县志》（卷93页19–21）有著录。

按：嘉靖间有李恺来莞改善稽舶（进口关税），其办事公道，为官清廉，不受外商酬谢之金，外商建坊树碑颂其美德。

碑文：

却金坊记

赐进士出身征仕郎两京刑科给事中王希文撰

赐进士出身南京工部屯田清吏司郎中番禺劳绍科书丹

赐进士出身奉政大夫礼部祠祭清吏司郎中进阶朝列大夫五羊毕廷拱篆盖

皇明御宇，万邦攸同。重译颂圣，岛夷献賨。然来之不拒，则伪者日趋，遂窥垄断。爰有榷征，艚志量衡，易官互诘，课三之一，余许贸迁，丛委兑交，供亿顿烦，利害均焉。

嘉靖戊戌，惠安李抑斋公前宰番禺，俯临稽舶，译究夷状，察其费浩获微，而吾之得不偿失，咸非永图。乃更制设规，听其自核，敢有诈匿者抵法，则常甫旬日而竣事，又旬日而化居，犬羊有知，从臾欣戴，且致私觌，以图报称。公麾之曰：“彼诚夷哉！吾儒有席上之聘，大夫无境外之交，王人耻边氓之德，兹奚其至我？”夷酋奈治鸦看者再恳，再却。乃以百金偕其使奈巴的叩之藩司，欲崇坊以树观。侍御王十竹公判谓“忠信可以行于蛮貊，而良心之在诸夷，未尝泯也。”遂不遏其请。行邑置篆吕琼，判中山君，议于濒冲，刻日鼎建。翚飞鳌奠，过者崇瞻。咸谓公能垂不报之德，成不朽之功，而速化不可化之人，其何道也。时公膺召入铨部，亦罔攸闻。

既而邑丞祁门李君楣至，首访殊典，久未镌勒，谓文昔叨掖垣，曾疏抑番舶，宜知巅详，属言以昭厥垂，文再拜，逊且揆曰：夷贡惟常，平法惟公，官廉惟职，彰善树风，惟权德之兼岩谷，其遏能云，况李公政泽，流溢邻封，却金光声，奢腾荒徼，侏㑏能言，道口且碑，奚文之赘？无已其崇体之说乎？夫国之体，纪纲也；政之体，本未也；士之体，廉节也；上下之体，名器也；四体立，而万事理矣。自汉武开边，夷贡始入中国。唐监以帅臣。开元，波斯淫巧已极，王处休所谓资忠履信，贻厥将来，其确论乎？开宝杭明，崇宁纲运，泉货泄之外境，患滋甚焉。我圣祖监殷，著为厉禁，虽诸番称贡，先验剖符，官给钞易，而暹罗爪哇，实则蠲之。法久弊萌，律愈严而奸愈巧。间或闭或通，闭则隘悬，通则失体，夫名以贡来，而实以私附，不责其非专，而且资之贸易，得其物不足以菽粟，而吾民且膏血焉。业已封艚，而中易其人，夫既任之而复疑之，不亦卑乎？异哉李公立法，计其大而略其微，薮其本而因抑其末。遵复制典，一举而五善集焉。故不拒其来，以示广也；令其自核，以导忠也；不再稽疑，以怀信也；却而不屑，以示威也；惠之不费，治之以不治也。泽广则华尊，纳忠则夷顺，孚信则远柔，威崇则纪立，治而置之，则名正体定而法行，识者于兹一端，已占其为台辅器矣。惟王仁无外，宰相则论道以弘其仁，铨部则为天下得人以行其仁者也。李公小试其道，而化及夷邦，今兹天曹又登庸俊良，俾宇内阴受其赐，阶是而宰均持衡，则斡旋之速，又何如哉？若夫崇坊之举，所以峻其防也。防夷以杜渐，防民以止趋，防奸以禁慝，使庶僚知所劝且儆焉。此则当道之公，良有司之职也，公奚与焉，又奚御焉？予既为兹说，质之郡伯藩臬诸名公，咸曰：“立德立功，纪言纪事，可以备野史矣。”乃登于石。

嘉靖二十年岁次辛丑秋七月，东莞县丞祁门李楣谨立。

赐进士第文林郎巡按广东监察御史闽惠安刘会重修。

东莞县知县官李文奎重修。

万历二十四年吉旦

卻金坊記

卻金坊記　賜進士出身南京工部員外郎、西京員外郎中、番禺科給事中王希文書丹

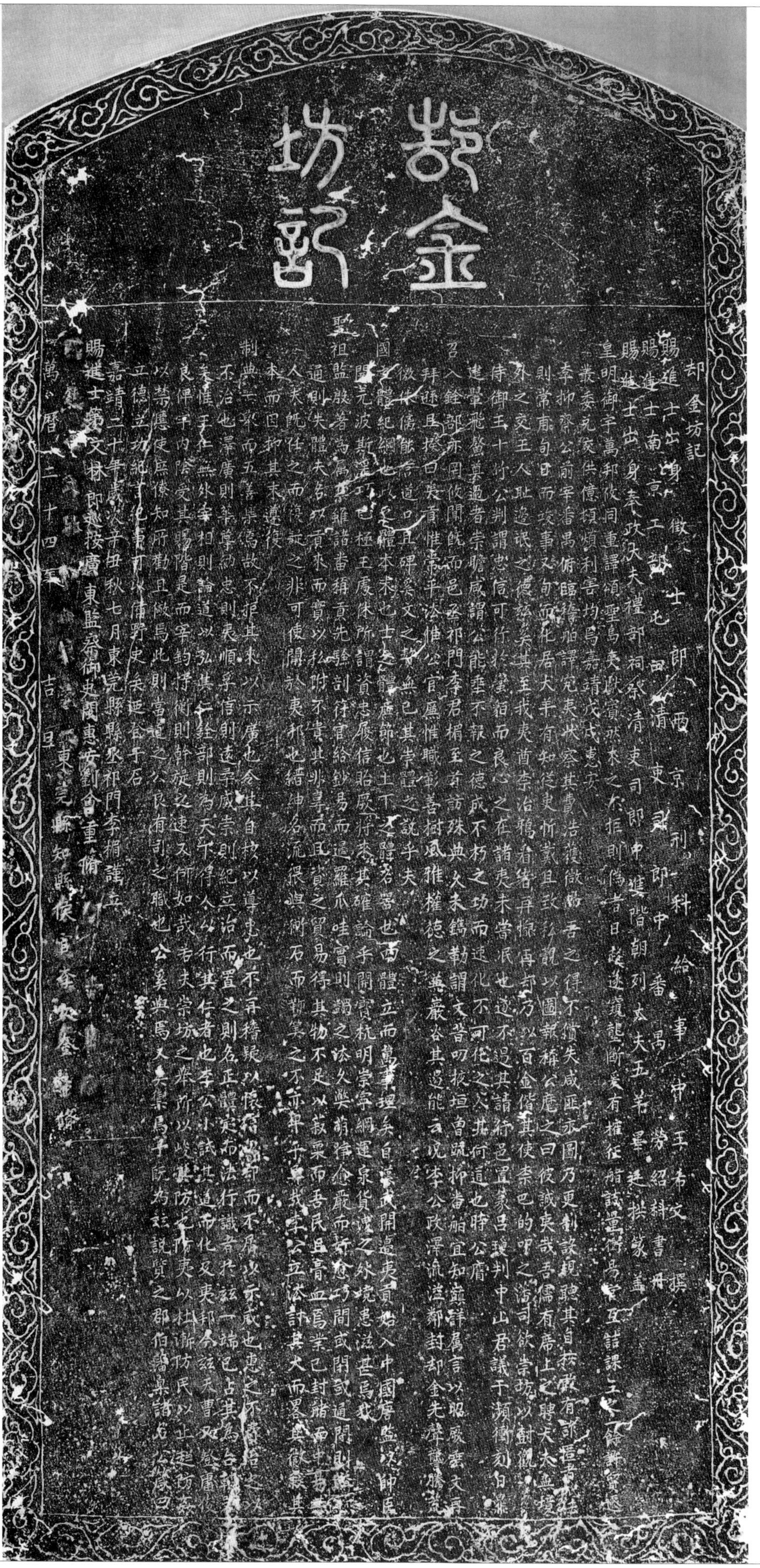

明嘉靖已酉年（1549）孟秋立石。黄佐撰文。原在学宫。

板岩，圆首，周边饰以花纹，有多处凿痕。碑通高133厘米，宽70厘米，厚10厘米。碑额篆书阴刻“孔庙纪成记” 5字。碑文楷书，23行，满行50字，抬头高1或2字，字径2厘米，除个别字外文字大致可辨。〔民国〕《东莞县志》（卷94页1–2）有著录。

碑文：

赠东莞县春湖孙侯孔庙纪成记

赐进士出身中顺大夫詹事府少詹事兼翰林院侍读学士前南京国子监祭酒经筵讲官同修国史玉牒泰泉黄佐撰

圣天子睿文嗣历，崇祀先师，声教洽于岭海。凡我冠裳，斐然向风。乃嘉靖丙午六月，萧山孙君春湖来令兹邑，展诚庙庭，顾惟栋椽挠贳，节棁毁剥，大惧亵戮神灵，亡以祗承德意。爰捐俸鸠工，撤而新之。且建御箴亭于庙东，迁名宦祠于学右，创桥以接龙脉，树坊以标教基。于是外观形胜则廓以雄，内察筵寻则广以丽，登降对越，盖翼翼洋洋如也。於戏！圣人之道在人心也，万古其犹一日乎？诗曰：“天生蒸民，有物有则。本于其心，发于其政。”凡夫仁生义成、文经武纬、有条不紊者，皆所谓则也。尝窃考之，东官昔郡于晋，土著之民，乃有行类曾参如黄舒氏者出焉。有能谨庠序，申孝弟以迪厥秉彝，则宅俊勃然兴矣。阅百余祀，而孙玚作守，始有声于陈。然作人之政，概未之闻也。心与道违，政鲜由则，彼功名之士，尚奚责哉？通观有周，积德以降民非一旦矣。而寿考歌于棫朴，誉髦歌于思齐，迨文王而后闻焉。由是言之，化固未易洽也。史克称先君周公作《周礼》，曰：“则以观德。”作《誓命》曰：“毁则为贼。”其岐丰之政，布在方策者乎？夫文王之德之纯，周公之才之美，惟吾夫子实兼有之，所谓天纵者也。故治平之则，试于中都，垂诸絜矩者，殆可征已；诵法而阐之者谁欤？钦维圣天子治法周官，久于其道，大雅复举，其惟今日吏兹土者，德弗足观，则先师神灵，其孰飨之？吾闻孙君为政，首革里甲公费，锱铢不取诸民。恤贫助葬，泽及枯骨。而又增筑东江堤以护田。修教场，立门社，预为出师受成之地。百尔施仁举义，揆文奋武，在纲，靡不究焉，光于前政万万矣。继今体其志，不毁其成，孝敬忠信郴郴焉。丕翊皇度，则是役也，其不徒矣乎？乡进士李子仁卿、张子仲汤，以予于君有一日之长也。为予诵之，予喜为纪诸丽牲之碑云。

嘉靖已酉孟秋吉旦，举人李秉同、王所、林煜、袁永伸、李仁卿、林植、张仲汤、王休、屈绍先、钟元运、黄学伊，监生张应珍、尹懃、戴钊、何世骏、卫元相、温新、姚绍经、余惠、钟士林、张经纶、尹沾、祁备、王旂仝立。

编者注：碑文中凡磨灭难辨之字均据〔民国〕《东莞县志》补全。

（篆額）孔廟紀成碑

……進士前南京國子監祭酒兼經筵講官同修……

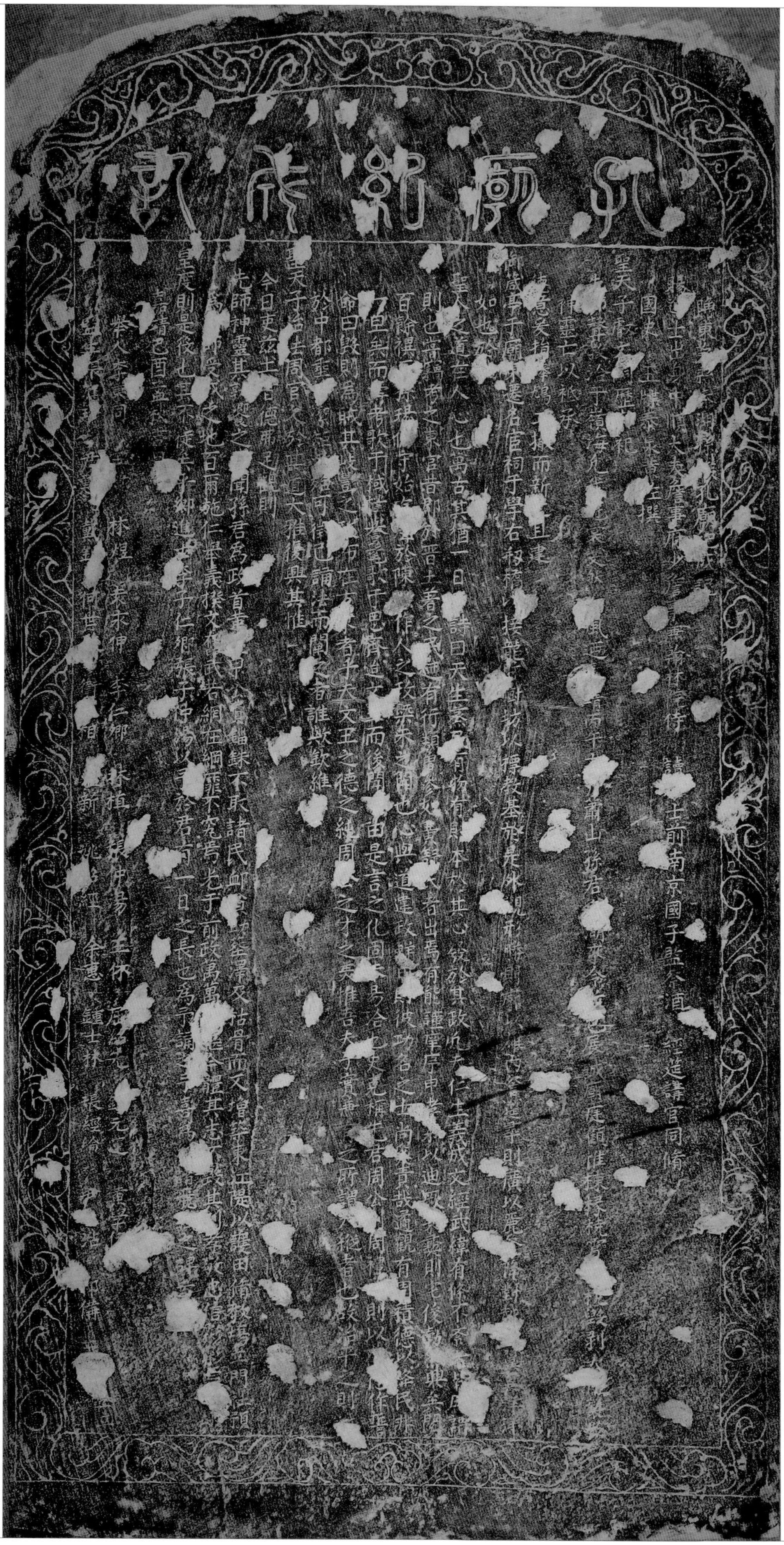

18

★大明通奉大夫江西左布政使祁公（顺）墓志 一五五五年

明嘉靖三十四年（1555）立石。张元祯撰文。

碑残，圆首，三边饰以花纹。残碑高108厘米，宽52厘米，厚4厘米。无碑额，正文题名缺。碑文楷书，现存18行，满行41字，抬头高1字，除个别字外字迹清晰。《巽川祁先生文集》附录及焦竑《国朝献征录》卷86有载。

按：祁顺（1434-1497），字致和，号巽川，东莞梨川人。明天顺四年（1460）进士，选拔首甲，因姓名与英宗朱祁镇音近，诔抑置二甲第二名。历任兵部主事、山西右参政、福建右布政使、江西左布政使。任内为官清廉，洁己爱民，曾捐俸修葺庐山的白鹿书院。弘治十年（1497）十一月卒于任，终年64岁。著有《巽川集》十六卷，《石阡府志》十卷，《巽川集》收入《四库全书存目》。

碑文：

大明通奉大夫江西左布政使祁公墓志

赐进士出身奉直大夫南京翰林院侍讲学前经筵讲官兼修国史南昌张元祯撰

大明通奉大夫江西左布政使祁公卒于位。南京翰林院侍讲学士南昌张元祯，其同年而契厚者。原公崇古之志，遵朱子葬礼为志诸墓。公讳顺，字致和，号达庵，又号巽川居士。其先宋银青光禄大夫某，由南雄徙今东莞之璆涌。曾祖以泰、祖振宗、考秉刚，以公贵，赠户部员外郎。妣卢氏，赠都御史映宾之女，以公贵封太宜人。公生宣德甲寅九月八日，年十七领乡荐。天顺庚辰第进士，在首甲，以姓名皆近上讳，移置二甲第二。癸未，拜兵部主事，东守山海关。代归，转户部，预考会试，累迁员外郎、郎中。成化乙未建储，奉诏使朝鲜。未几，升江西左参政，甫三载，进右布政。命未下，坐事诖误，左迁贵州石阡知府。壬子，丁母忧，服阕，升山西右参政。乙卯，进福建右布政使，寻转江西左布政使。守山海，廉声聿著。使朝鲜，诏至，其王故郊迎不拜。公谕以礼，即拜。中官偕行者贸易素以万计，悉屏之。而女乐之奉，金帛之馈，皆麾却不受。天子嘉焉。在石阡，尽心职务，变夷习以礼教。自国初来，始有擢科登进士者。当道数以治行荐，忧闻，士民不得留，则竞解公带，以识去思。再任江西政，持大体，庭无私谒，惠泽之渐甚博，公帑不滥动一钱。卒之日，嬴可私之金数千，而妻子至不足于食。廷论举都御使者再，由无内援，皆不果。公问学该博，而要归于身心。平居未尝妄笑语、去冠帻。狡黠者惮，不敢逞。居官不辞劳瘁，恐恐于吾君吾民之有负。其著作有《巽川集》、《使东稿》、《冷庵翠渠倡和》及《宝安杂咏》。卒弘治丁巳十一月六日，葬本邑牛眠石金钗岭之原。娶钟，封宜人；继廖，封太夫人。侧室梁。子九人，志伊、敷、敞，钟出，皆殇；政、敕、敦，廖出；敏、斅，孜，梁出。敏登壬子乡举。女四人，黎皋、张瑶、卫邦制，婿也。一尚幼云。

嘉靖三十四年乙卯闰十一月十一日男敦等谨立。

编者注：碑文中凡磨灭难辨之字均据《国朝献征录》补全。

□銀青光祿大夫某由

南雄府□東莞之□□□……□以贈都御史映實之妥□

公貴封太宜人公生宣德甲寅九月八日年十七領鄉薦天順丁丑進士在首甲以姓名皆近

士諱移寘二甲第二癸未拜兵部主事東守山海關代歸轉戶部預考會試累遷員外郎郎中成化乙未建

儲奉

詔使朝鮮未幾陞江西左參政首三載進右布政□□不下坐事詿誤左遷貴州石阡知府壬子丁母憂服

闋陞山西右參政乙卯進福建右布政使尋轉□□左布政使守山海廉聲聿著使朝鮮詔至其王故郊

迎不拜公諭以禮即拜中官偕行者貿易素以萬計悉屏之而女樂之奉金帛之餽皆麾却不受

天子嘉焉在石阡盡心職務蠻夷習以禮教自國初以來始有擢科登進士者當道數以治行薦憂聞士民不

得留則競解公帶以識去思尋任江西政持大體庭無私謁惠澤之漸甚博公絲不濫動一錢卒之日贏

可私之金数千而妻子至不足於食廷論舉都御史者再由無内援皆不果公問學該博而要歸於身心

平居未嘗妄笑語去冠幘役黠者憚不敢逞居官不辭勞瘁恐恐於吾

君吾民之有負其著作有巽川集使東藁以庵翠渠倡和及寶安樵詠卒弘治丁巳十一月六日塟木邑半

眠石金釵嶺之源娶鍾封宜人繼廖封太夫人側室梁子九人志伊敦敞鍾出□殤政教敦廖出敏敦役

梁出敏登壬子鄉舉女四人黎皐張瑆衛邦制婿也一尚幼云

嘉靖三十四年乙卯閏十一月廿一日男敦□謹立

明嘉靖三十四年（1555）立石。费宏撰文。

圆首，周边饰以花纹。碑通高108.5厘米，宽71厘米，厚6厘米。无碑额，正文题名为“明故江西左布政使祁公墓表”。碑文楷书，26行，满行50字，抬头高1字，字径1.8厘米。因风化严重，文字多难以辨识。〔民国〕《东莞县志》（卷92页20–21）有著录。

碑文：

明故江西左布政使祁公墓表

赐进士及第资政大夫礼部尚书兼经筵日讲官铅山费宏撰

公以弘治丁巳十一月六日卒于位，享年六十有四。卒之又明年己未正月十有六日，葬于东莞牛眠石金钗岭之原，盖十有三年于兹矣。其子户部郎中敏以公墓上之石未有所述也，自状公行，来即予图之。公有惠政在吾乡，予奚容以辞让为事？

公讳顺，字致和，姓祁氏，别号巽川。其先有仕至银青光禄大夫者，自南雄徙东莞。曾大父以泰，大父振宗，考秉刚，赠奉直大夫户部员外郎。妣卢氏，封太宜人。公生十有七年，以《春秋》领广东庚午乡荐，天顺庚辰始登进士第。拜兵部主事，镇山海关。代归，改户部，督饷临清，累升本部郎中。寻升江西左参政，坐累左迁石阡府知府。以太宜人忧去，服阕，升山西右参政，历福建右布政使、江西左布政使以终。大廷之对传者，谓公宜举首，以其姓与名皆近英庙御讳，于传胪弗便也，乃抑置第二甲等第二人。成化己丑，尝同考礼部试，藻鉴精甚。乙未，以建储奉诏谕朝鲜，赐一品服。前此往者从关人数百，阴有所挟，以规厚利，公不许，止士兵三十人从。其王迎诏不拜，谓故事则然。公以礼谕之，乃拜。馆其国，恪守使规。诸所馈遗，悉拒弗顾。及遣陪臣入谢，并刻其所为诗文以献焉。由是声称益重朝著。

石阡，自开郡来无贡举，公亲为讲授。居六载，彬彬多秀异之士。又为辟屯田，除虎害，民赖以安。抚按之使交章论荐，三原王端毅公在吏部亦疏引之。然雅尚恬退，虽中遭挫抑，而志操益励。宫保丘文庄公与公同乡，少师晦庵刘公，公同年友也。知公才可大用而屈于下位，当是时，皆欲荐公。公未尝念动，辞以书甚力。历官四十年，家业视初仕无所增。在江西积纸，价至三千金。病且革，或谓公之子盍因修纂志书取而用之，毋徒为来者所得。语闻，公戒其妻子曰：“吾生平慎修，欲无少玷，吾即死，汝辈若惑于人言而侵用此金，吾目必不瞑矣，宁归而饿死可也。”将易箦，犹谆谆及此。盖公以清约自守，虽隐微之间、死生之际，亦不少变，是可以为难矣。

配钟氏，赠宜人；继室廖氏，封太夫人。子男五人，长即敏，次孜，次政，皆乡贡进士。次敕，□□□知府；次敦，义官。女三人，其婿某某某。孙男若干人，女若干人。公最孝友，弟颐领乡荐，早世，抚其二女，视己女有加焉。族蕃以大，奉先故无祠，乃捐资创建，又买田以供伏腊。祭之日，少长毕会，恩谊蔼然。性好学，自少至老，未尝一日去书不观。所著有《巽川稿》、《使东稿》、《倡和录》、《宝安杂咏》等集，藏于家。

呜呼！人之能各有所偏，故长于著述者，试之以繁剧，常病于迂；善于刬裁者，试之以藻缋，常病于陋。即使二者兼长而操存践履，或有所亏，则亦浮华、鄙秽之流耳。若公者，博雅疏通，名誉蔼蔚，廉介之节，确守不渝，岂不贤远于人哉？位虽未满，其德才虽未尽其用，然即其已立者而观之，固足以垂诸不朽而无愧。况户部君兄弟，克成厥志，学与行皆世其家。公之所已施而未食其报者，当于此乎酬之，公宜无憾矣。

嘉靖三十四年岁次乙卯闰十一月十一日男敦。

编者注：碑文中凡磨灭难辨之字均据〔民国〕《东莞县志》补全，并参校康熙刻本《巽川祁先生文集》附录上费宏所撰《墓表》。

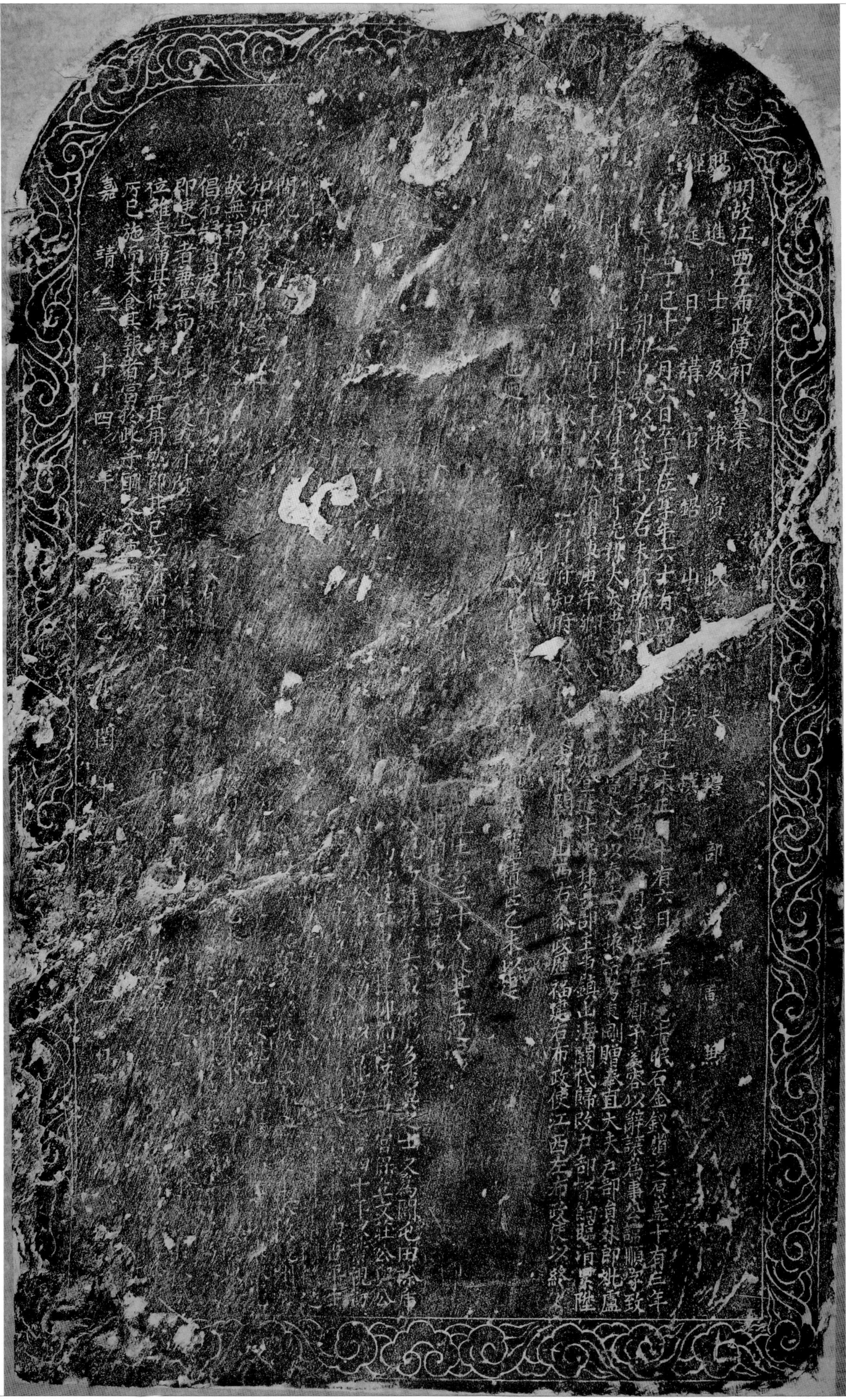
明故江西左布政使祁公墓表
嘉靖三十四年

20

张氏祭田记

一五五七年

明嘉靖三十六年（1557）立石。张鷟撰文。

圆首，四周饰以花纹。碑通高213厘米，宽96厘米，厚12厘米。碑额篆书阴刻“张氏祭田记”5字，碑文楷书，15行，满行45字，抬头高1字，字径3.5厘米，除个别字外字迹清晰。

碑文：

张氏祭田记

予宗系出唐宰相九龄弟九皋后，宋时有讳岘者来尉海丰，因家东莞。历世既久，子孙繁衍，以宦业隐德著者，代有其人。先大父竹林先生善，从叔祖司务志逊，虑世远族繁无所联属，乃命先君训导溥取元皇庆间祖讳敬德所著世谱而重修之。图分派别，昭穆秩如，司务公复首捐资与□□□德玄□□□□□□以助，买水北岸地一十九亩，鱼塘三亩，岁时轮收，以供祀事。后复陆续增置山潮田若干亩，收贮支用。伯祖守道与德玄等取其资，建祠堂三间于三世祖种庵公墓侧，其地则伯祖忠惠、德玄献也。从叔祖志良等，又于祠堂前建屋三楹，为宗族会饮之所，礼制斯备，百事就绪。然水北岸地民居其上，岁收其直，恒不及数，鱼塘亦然。佥议欲以易田，庶得租常不失，而祀事百尔有备，久之而未克就。岁壬戌，乃与福州卫经历同邑邓辛禄易田三十亩。由是祀费之外尝有余裕，苟不慎择公正者以司之，则未免有侵渔之弊。从叔忠恕乃刻梓为栏，装置簿籍，一样二扇，一则在于篁村，一则在于圆沙，掌以公正。凡其租数出入，明白附写，以凭稽考。庶有贮备修祠堂，置祭器，增置祭田。其或不公，侵欺隐匿，则忘祖徇私，不仁不义，神天降罚，罔有攸赦。鷟以菲材托祖宗余泽，幸沾一命，夙夜惶惧，无以上答恩德。去春，丁内艰归，敬具神龛一座，以奉先主，复欲有所捐为而力有未逮。今卜吉趋朝，从伯文慈、忠惠暨诸宗族咸欲言以记祭田之簿，庶昭来裔而知所自，于是顿首谨书旹。

时正统十一年岁在丙寅仲春初吉，广东戊午科解元任广西灌阳县儒学教谕十一世孙鷟记。

嘉靖三十六年岁次丁巳仲春吉日，十二世孙曰礼等立石。

張氏祭田記

張氏祭田記
予宗系出唐宰相九齡第九皐後宋時有諱峴者來尉海豐因家東莞歷世既久子孫蕃衍以宦業隱德著者代有
其人先大父竹林先生善從叔祖司務志遜慮世遠族繁無所聯屬乃命先君訓導溥取元皇慶間祖諱敏德所著
世譜而重修之圖分派别昭穆秩如司務公復首捐貲與[illegible]德玄[illegible]以助買水北岸地一十九畝
魚塘三畝歲時輪収以供祀事後復陸續增置山潮田若干畝収貯支用伯祖守道與德玄等取其貲建祠堂三間
于三世祖種菴公墓側其地則伯祖忠惠德玄獻也從叔祖志良等又於祠堂前建屋三楹爲宗族會飲之所禮制斯備
百事就緒然水北岸地民居其上歲収其直恒不及數魚塘亦然僉議欲以易田庶得租常不失而祀事百尒有備
久之而未克就歲壬戌乃與福州衛經歷同邑鄧辛祿易田三十畝由是祀費之外嘗有餘裕苟不擇公正者以
司之則未免有侵漁之弊從叔忠恕乃刻梓爲欄裝置簿籍一樣二扇一則在於堂村一則在於圓沙掌以公正凡
其租數出入明白附寫以憑稽考庶有貯備修祠堂置祭器增置祭田其或不公侵欺隱匿則忘祖徇私不仁不義
神天降罰罔有攸赦綖以菲材托
祖宗餘澤幸沾一命夙夜惶懼無以上答恩德去春丁內艱歸敬具神龕一座以奉先主復欲有所捐爲而力有未
逮今卜吉趨
朝從伯文憲忠惠暨諸宗族咸欲言以記祭田之簿庶昭來裔而知所自於是頓首謹書 旹
正統十一年歲在丙寅仲春初吉廣東戊午科解元任廣西灌陽縣儒學教諭十一世孫綖記
嘉靖三十六年歲次丁巳仲春吉日十二世孫日禮等立石

21

张氏增创祠堂记

一五五七年

明嘉靖三十六年（1557）立石。陈音撰文，邓琛书丹，李檠篆额。

板岩，中间斜裂成两块，四周饰以花纹。碑高212厘米，宽96厘米，厚13厘米。碑额篆书阴刻“张氏增创祠堂记”7字。碑文楷书，21行，行50字，字径2.5厘米，除个别字外字迹清晰。〔民国〕《东莞县志》（卷92页17–19）有著录。

碑文：

张氏增创祠堂记

赐进士出身嘉议大夫南京太常寺卿莆田陈音撰文

赐进士出身承德郎南京户部主事同邑邓琛书丹

从仕郎南京翰林院检讨泰和李檠篆额

岭南属邑东莞有曰张氏，系出唐相九龄弟九皋后。在宋有讳岘者，闽之福清来，为惠州海丰县尉，始徙居东莞。传三世至种庵先生淑，勤于种德。先生孙登辰，尤善培植，以故子孙蕃硕，以文学行义政事称，代代不乏，邑称阀阅故家焉。永乐□□岁，县尉九世孙前户部司务志逊，与其从兄德立、观善、侄良宾等议，以人道莫大于报本，报本莫大于祭享。首捐己资，倡族人置祭田若干亩，复建祠堂于种庵公墓左，用妥先世之灵，岁时率诸子孙举行祀事。惟谨祠之制，一依文公家礼，不侈不僭。十世孙忠恕等相继屡加修饰，然而子孙日益蕃硕，顾惟旧祠狭隘，不足以容。忠诚等复相与谋，以祭田所入者，自供祀事，外储其余，择十一世孙舒潜掌之。潜即司务公之孙也。久而得钱若干贯，遂市材鸠工，增创前面一座。并与其仆者植之，攲者正之，撤枯易坚，葺弊为完，门堂寝壁，黝垩丹漆，举以法，焕然一新。大称后人报本之意。犹虑无以传示久远，乃以书命其十二世孙南京国子监助教昕请予记之。昕曩者典教于莆，与予相知甚悉，义不可辞。

惟先王之制，自天子至于官师，皆有庙。秦坏先王典礼，务尊君卑臣，于是天子之外，无敢有立庙者。汉世公卿多建祠堂于墓所。魏晋以降，渐复庙制。唐侍中王圭以不立庙为执法所纠，自是贵势之家皆有庙。至五代荡析，士民求生有所未遑，礼颓教坠，庙制复废。宋庆历初，诏文武官立庙，时士大夫溺于习俗，安于简陋，亦未见其有能立之者。朱子以庙非赐不得立，遂定为祠堂之制。于是人皆得建祠堂，以伸其报本之敬矣。然非孝子仁人之用心，亦岂能举行之耶？张氏服习诗书，秉行礼义，历数百年而代有闻人，此祠堂之建所以作于前而继于后欤？斯堂之设，匪直为灌献之所而已。为张氏之子若孙登斯堂者，尚其夙夜祇惧，无忘先德。不以尊而凌其卑，不以贵而骄其贱，不以富而轻其贫。冠婚有庆，死丧有吊，患难有救，若是者，岂惟无忝祭将受福焉？于焉而寿考维祺，于焉而子孙绳绳，登高科，跻朊仕，迓续先人之休无穷，盖明德乃格神之道。祖孙父子本同一气，惠之则神歆而福降矣。因重其请，故推本祠堂之制，与夫所以感格神明之道。俾归而刻诸石，非徒以示其子孙，使善继而不忘，亦将以为世之劝也。

祠肇工于弘治辛亥年十二月，讫工于□□年，记作于弘治甲寅年正月。刻志于石者，董之工与子也。

嘉靖三十六年岁在丁巳仲春吉日十二世孙曰礼等立石。

编者注：碑文中凡磨灭难辨之字均据〔民国〕《东莞县志》补全。

張氏增創祠堂記

張氏增創祠堂記
賜進士出身嘉議大夫太常寺卿莆田□□撰文
賜進士出身承德郎南京戶部主事同邑鄧球書丹
從仕郎南京翰林院檢討泰和李騤篆額
嶺南屬邑東莞有曰張氏者出唐相九齡弟九皐後在宋有諱嵬者閩之福清來為惠州海豐縣尉始徙居東莞傳三世至種菴先
生勤於種德先生□□□先善培植以故子孫□□碩以文學行義政事称代代不乏邑称閥閱故家焉永樂歲縣尉九世孫
前戶部司務□與□從兄□玄□善姪良寶等議以人道莫大於報本報本莫大於祭享首捐己貲倡族人置祭田若干畝復建
祠堂于種菴公墓左用安先世之靈歲時率諸子孫舉行祀事惟謹祠之制一依文公家禮不侈不偕十世孫忠恕等相継屢加修
飾然而子孫日益番衍顧惟舊祠狹隘不足以容忠誠等復相與謀以祭田所入者自供祀事外儲其餘積十一世孫舒潜掌之潜
郎司務公之孫也久而得錢若干貫遂市材鳩工增創□面一座并與其仆者植之敧者正之撤朽易堅葺□為完門堂寢壁黝至
丹漆舉以法煥然一新大称後人報本之意猶慮無以傳示久遠迺以書命其十三世孫□□國子監助教□請予記之□曩者典
教于莆與予相知甚悉義不可辭惟先王之制自天子至于官師皆有廟秦壞先王典禮□□尊君卑臣□是天子之外無敢有立廟
者漢世公卿多建祠堂於墓所魏晉以來漸復廟制唐侍中王珪以不立廟為執法所糾自是貴□之家皆有廟至五代蕩析士民
求生有所未遑禮頹教墜廟制復廢宋慶曆初詔文武官立廟時士大夫溺於習俗安於□陋亦未見其有能立之者未一二有非
賜不得立遂定為祠堂之制於是人皆得建祠堂以伸其報本之敬矣然非孝子仁人之用心亦豈能舉行之耶張氏服習詩書秉
行禮義歷数百年而代有聞人此祠堂之建所以作於前而継於後歟斯堂之設匪直為灌獻之所而已為張氏之子若孫登斯堂
者尚其夙夜祗懼無忘先德不以尊而□其卑不以貴而驕其賤不以富而輕其貧冠婚有慶死喪有弔患難有救若是者豈為無
忝祭將受福焉于焉而壽考維祺于焉而子孫繩繩登高科躋膴仕□迪續先人之休無窮蓋明德乃格神之道祖孫父子本同一氣
惠之則神歆而福降矣因重其請故推本祠堂之制與夫所以感□神明之道俾歸而刻諸石非徒以示其子孫使善継而不忘亦
將以為世之勸也祠肇工於弘治辛亥年十二月訖工於□年記作於弘治甲寅年正月刻誌于石者董之工與子也
嘉靖三十六年歲在丁巳仲春吉日十二世孫曰禮等立石

明隆庆辛未年（1571）七月立石。罗一道撰文。

花岗岩，圆首，四周饰以花纹。碑通高160厘米，宽84厘米，厚16厘米。碑额篆书阴刻“东莞县学地租记”7字。碑文楷书，19行，满行46字，抬头高1字。凿痕满布，多数字磨灭难辨。〔民国〕《东莞县志》（卷94页7–8）有著录。

按：学宫，即孔庙。东莞学宫旧址位于今莞城东正社区花街的原糖果厂，始建于南宋淳熙十三年（1186），上世纪五十年代初期被拆除。当时，东莞学宫内有规模宏大的建筑群，占地100多亩。

碑文：

东莞县学地租记

隆庆己巳，张侯以名进士擢尹东莞。视篆初，孜孜民事。未逾年，政教聿兴，百废修举，而尤留意学校。每公暇日，与诸士讲求道义正学，先德行而后文艺。

凡士之贫窭者，悉赒而赡之，以助其匮乏。旧额，学有田塘屋地租凡四所：一在学宫前，鱼塘一口；一在兴贤桥，濒濠地屋五十七间；一在独树村，田四十四亩五分；一在大阵洲，田六十亩。每岁终，收其租之所入，以给公费，济贫士。后有司申学宪，将独树村、大阵洲二处田租属于县，每请须得报乃给。此田遂非学有，止存学前塘与濒濠地屋，以充学中支费。

然月考日会，供需既繁，无丝毫赢余，贫士往往不蒙实惠。张侯莅学，乃召庠生翟世质、游志松、黄思睿、谢鲲化、何公彦辈，佥谋赡之之策。维时卫挥使安君国贤言演武坊上下有隙地，可筑铺屋以赁民居。遂议构屋收其租，俾学库储之。择庠士二人，籍其出入，毋劳师长役役于此。每岁季冬，学师会庠士，计其贫者若干，可给者若干。其事干师生公费，皆取给于学塘与濒濠地屋，与此铺不相干涉。其有余，则尽给诸生为油灯之费，一岁供一岁之用。议既定，张侯曰：“兴学以养士，吾职也。”乃谋诸丞桃源陈宪，经画规制，分委广有，仓官林文、县耆濮梅董其役。自给与俸金四百两，雇工庀材，宇舍鳞次，在武坊上廿七间、武坊下廿七间，岁获租银三十八两。经始于隆庆庚午六月，落成于隆庆辛未正月。时邑博廖君元烺以升行，乃长泰刘君邦宪、金溪傅君宗说、福安刘君元士、介世质辈属一道为记，镵诸石以垂永久。

予惟养士莫先于学校，养之之云者，必先养之以道义，以砥砺其廉节，而后出为世用。可以立懦，可以激顽，期有裨于世教养。若夫悯其贫而赒之者，有司所以为士子谋，而非士子之所以自谋者也。夫子之言曰：“君子谋道不谋食”，又曰：“君子忧道不忧贫”。故儒者之安贫，有司之济贫，是皆有功于圣教，合二者而并行，所以交相成而实不相悖也。盖至是乃无忘张侯之盛心，且无忘吾夫子之至教，因记并及之，以劝来者。侯名镗，江西永丰人。

隆庆辛未秋七月朔日，赐进士出身亚中大夫奉敕提督湖广四川粮储贵州布政司右参政邑人罗一道撰。

编者注：碑文中凡磨灭难辨之字均据〔民国〕《东莞县志》补全。

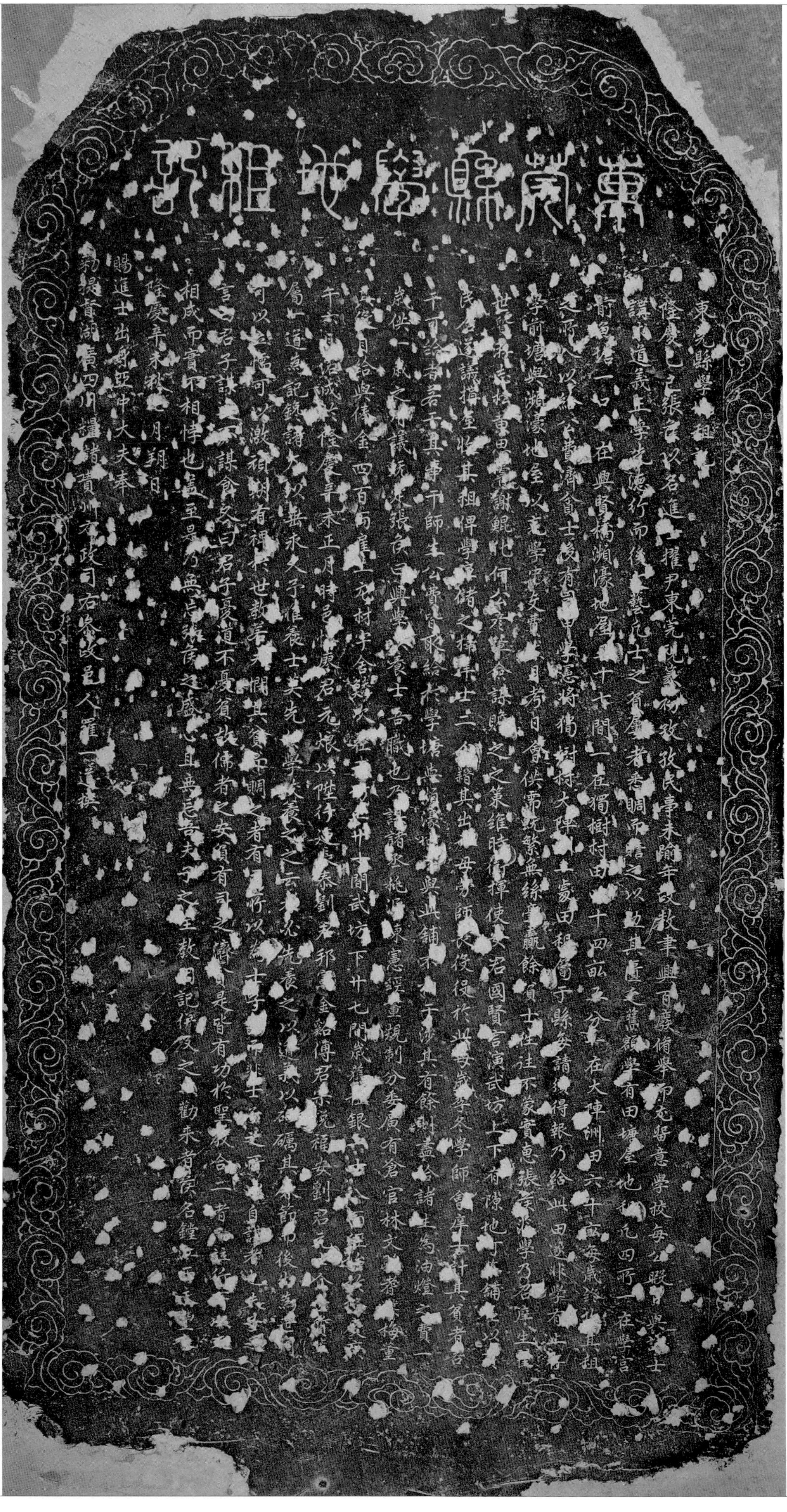

東莞縣學地租記

東莞縣學租記

隆慶己巳張君以名進士擢尹東莞視篆[illegible]致民事未踰年政教聿興百廢備舉而尤留意學校每公暇與諸士

講求道義上學先德行而後文藝凡士之貧窶者悉賙而給之以其處之舊額學有田塘屋地凡四所一在學宫

前魚塘一口一在興賢橋瀨溪地屋一十七間一在獨樹村田十四畝五分一在大陣洲田六十畝每歲從其租

之所入以給公費齋食士後有[illegible]學憲將獨樹村大陣[illegible]豪田租歸于縣每請復得報乃給以田遂非學有[illegible]

學前塘與瀨溪地屋以充學宫文費月考日會供需既繁無繇贍餘貧士往往不蒙實惠張君以學乃召庠生[illegible]

世[illegible]於東田[illegible]謝鯤也何公[illegible]之策維時[illegible]揮使[illegible]君國賢言演武坊上下有隙地可[illegible]鋪[illegible]以

民[illegible]遂議揭產收其租俾學官儲之擇[illegible]士二人緒其出毋勞師役役於此每歲季冬學師會庠士計其貧者給

干[illegible]給者若干其事于師生公費皆取給於學塘與瀨溪[illegible]與興鋪不[illegible]干涉其有餘則盡給諸生為油燈之費一

歲供一歲之[illegible]議既定張侯曰興學養士吾職也乃請諸[illegible]桃[illegible]東憲經畫規劃分委廣有倉官林文[illegible]督梅董

[illegible]後月給與價金四百兩雇[illegible]充材守舍[illegible]廿[illegible]間武坊下廿七間歲[illegible]銀[illegible]

干[illegible]成[illegible]隆慶辛未正月時邑[illegible]康君元娘以陞行遠[illegible]泰劉君[illegible]邦[illegible]金給傳君[illegible]安劉君元[illegible]

屬[illegible]道為記銘諸[illegible]以無永久予惟養士[illegible]先學[illegible]養之之云[illegible]先養之以[illegible]以[illegible]礪其[illegible]節而後[illegible]

可以[illegible]可以激礪有裨於世教若夫憫其貧而賙之者有[illegible]以[illegible]士子[illegible]之[illegible]自[illegible]者[illegible]

言[illegible]君子謀[illegible]謀食[illegible]又曰君子憂道不憂貧故儒者之安貧有司之[illegible]是皆有功於聖教合[illegible]二者[illegible]

相成而實不相悖也[illegible]至是乃無[illegible]後之盛心且無忌吾夫子之至教因記[illegible]及之[illegible]勸來者[illegible]名鐘[illegible]

隆慶辛未秋七月朔日

賜進士出身亞中大夫奉

勅提督湖廣四川貴州布政司右參政邑人羅一道撰

明万历十年（1582）立石。钟卿撰文，钱彬书丹并篆额。

板岩，圆首，四周饰以花纹。碑通高130厘米，宽74厘米，厚8厘米。碑额篆书阴刻“明故中宪大夫山东按察司副使樾桥钱公暨配宜人陈氏合葬墓志铭”28字。碑文楷书，23行，行39字不等，字径2厘米，字体隽秀，字迹清晰。

碑文：

明故中宪大夫山东按察司副使樾桥钱公
暨配宜人陈氏合葬墓志铭

公讳仝，字公甫，号樾桥。其先钱塘人，系出吴越王之后。始惠州守酥，侨寓惠州，居四世，规迁东莞。规子绍，封朝请郎；绍子益，登淳祐进士、静江路判。益长子寿卿，登咸淳南铨进士、四会县尉。次梦骥，登咸淳进士、阳江县尉。俱有贤声，益尤著，列祀于学宫，公之七世祖也。曾祖讳定，寿官，乡饮正宾；祖讳永祥，以公伯铎贵，封户部郎中；叔祖讳逊，无子；父讳镒，承继。公贵，赠父南京户部郎中。母李氏、夫人陈氏俱封宜人。

公性资敏悟，标格飘洒，能不以世务入心，喜怒见色。读书不事记诵，妙契旨要，发为文词，尤以诗论之长闻于人。年二十六，登嘉靖乙酉乡试；次年丙戌，登龚用卿榜进士，授南京行人司左司副，升南京户部湖广司署员外郎，续升本部云南司署郎中。秩满，进阶奉政大夫，实授郎中，升江西九江府知府。嘉靖已亥，升山东按察司副使，前三任俱留都，政务闲简无所见。九江当水陆要冲，事尤错出繁冗，当此者每以为病。公独沛然有余，民以爱惠感公，咸父母视公，不忍欺。有以资冒官者，倚法武断，拒命有素，前后官置之不问，恶愈肆。公擒治之，不为解，一方害息。巡缉官兵有以失盗虑罪者，妄陷平民数十于狱以兑已。公为辩，不拘成案，释之。江民赖以不冤多此类。在任四年，声誉隆起，人皆以文章、政事推公，屡形荐剡山东之任，中外倚重颙然。

公不久归，日与亲友赋诗为乐。嘉靖乙巳五月初十日病终，距生弘治庚申十月十六日，仅年四十有六，葬于石井土塘岭庚酉向之原。宜人生于弘治癸亥十月初十日，终于隆庆辛未二月初二日，享年六十有九，就年权厝于石井榕树山。至万历十年十一月十八日迁回土塘岭，与公同窆。子一应房，病痫，公以后事为忧，谋于族众，以从孙擢预养为应房嗣，时擢年六岁。后应房生二子，长扐，甫冠卒；次拯，业儒，家业遵祖遗命，与擢均分。其家事不坠，亦擢任理之功为多。侧室徐氏保公遗孤，不志他适。蒙提学副使张公希举据生员张佃等呈，行县旌奖，采入志书。御史王公绍元为书“励节”二字匾其门，亦公刑于之德所及有此也。女三人，长适卿从弟庠生恕，次适同邑陈讽、刘世纪。向擢稚，未能详公之行。擢卒，拯始谋石公墓，状其行，以铭属卿。

嗟夫！公有超卓之才，而寿不究；其用有显达之路，而进止于半途。天固始厚之，又复限之，是果何意也乎？

铭曰：

厚乎其资　不大以施　天乎公也　孰测其几
三十功名　四十长辞　惟郡之寄　惟宪之司
声华日耸　要路风驰　中外颙颙　云胡其非
才也之惜　命也之疑　要之于天　终则有始
在其孙子

万历十年岁次壬午五月吉日，致仕光禄寺卿前福建左布政使从甥斑田钟卿撰，从孙钱彬篆额书丹。

明故中憲大夫山東按察司副使拙橋錢公暨配宜人陳氏合葬墓誌銘

明故中憲大夫山東按察司副使拙橋錢公暨配宜人陳氏合葬墓誌銘

公諱仝字公甫號拙橋其先錢塘人系出吳越王之後始惠州守酥僑寓惠州居四世親遷東莞親子紹封朝請郎紹子益登淳祐進士靜江路判益長子壽卿登咸淳南銓進士四會縣尉次夢驥登咸淳進士陽江縣尉俱有賢聲益光者列祀于學公之七世祖也曾祖諱定壽官鄉飲正賓祖諱永祥以公伯鐸貴封戶部郎中叔祖諱遜無子父諱鐙承繼公貴贈父南京戶部郎中母李氏夫人陳氏俱封宜人公性資敏悟標格飄洒不以世務入心喜[illegible][illegible]見色讀書不事記誦妙契旨要發為文詞尤以詩論之長聞於人年二十六登嘉靖乙酉鄉試[illegible][illegible][illegible]戊戌[illegible]用鄉榜進士授南京行人司左司副陞南京戶部湖廣司署員外郎續陞本部雲南司郎中[illegible]滿進階奉政大夫實授郎中陞江西九江府知府嘉靖己亥陞山東按察司副使前三任俱[illegible]政務簡無所見九江當水陸要衝事尤錯出繁冗當其者每以為病公獨綽有餘民以愛惠感公咸父母視公不忍欺有以貲冒官者倚法武斷拒命有素前後官置之不問惡愈肆公擒治之未為解一方害息巡緝官兵有以失盜慮羣者妄陷平民數十千獄以免己公為辯不拘成案釋之江民賴以不冤多此類在任四年聲譽隆起人皆以文章政事捷公受形薦劾山東之任中外倚重顯然公不久歸日與親友賦詩為樂嘉靖乙巳五月初十日病終距生弘治庚申十月十六日[illegible]年四十有六葬于石井土塘嶺庚酉向之原宜人生於弘治癸亥十月初十日終於隆慶辛未二月初二日享年六十有九純年權厝于石井榕樹山至萬曆十年十一月十八日遷回土塘嶺與公同穴子一應房病痼公以後事為憂謀於族眾以從孫擢預養為應房嗣時擢年十六歲後應為生二子長據甫冠卒次拯業儒家業遵祖遺命與擢均分其家事不墜亦擢任理之功為多側室徐氏保公遺孤不志他適蒙提學副使張公希舉據生員張佃等呈行縣旌獎采入誌書御史王公紹元為書勵節二字扁其門亦公刑于之德所及有此也女三人長適鄉從弟庠生恕次適[illegible]以陳試劉世紀向擢[illegible]未能詳公之行推卒拯始謀石公墓狀其行以銘屬卿嗟夫公有超卓之才而壽不究其用有顯達之路而進止于半途天固始厚之又復限之是果何意也乎銘曰

厚乎其資　不大以施　天乎公也　孰測其幾　三十功名　四十長辭

惟郎之寄　惟憲之司　聲華日聳　要路風馳　中外顒顒　云胡其非

才也之惜　命也之疑　要之於天　終則有始　終則有始　在其孫子

萬曆十年歲次壬午五月吉日致仕光祿寺卿前福建左布政使從甥斑田鍾卿撰

從孫錢彬篆額書丹

24

卫氏小宗祠记

一五八九年

明万历十七年（1589）立石。尹瑾撰文，李秉同书丹，黄学伊篆额。

花岗岩，圆首，三边饰以花纹。碑额篆书阴刻“卫氏小宗祠记”6字。碑通高175厘米，宽86厘米，厚15厘米。碑文楷书，19行，行46字，字径2厘米，除个别字外文字清晰。

碑文：

卫氏小宗祠记

赐进士第中宪大夫南京太仆寺少卿前吏科都给事中眷生尹瑾拜撰

乡进士文林郎任广西灵川县令眷生李秉同书丹

乡进士承德郎江西抚州府通判眷生黄学伊篆额

卫之先，自康叔始也。康叔封于卫，姓之有卫也，以国为氏也。数传而至汉，丞相建侯绾，遂以门户甲大名。有宁远府君者，生四子，长早世；次弘，赵宋为福州司户。建炎中，兄弟入广。讳达者居番禺之沥滘，而衍者与司户同居东莞之茶山。举宗千百指，露积相望，冠盖如云，皆茶山产也。无论世有显宦郎、抱处士之义者，亦倜傥有大节，视昔珥貂七叶奚让焉？我国初有□名者，相土改筑，乃迁于城西之墩头。一子继先以贤著。继先有子四人，曰文祯，曰文祥，曰文禧，曰文礼。子姓殷殷，击钟而食，更益昌阜。迨十六世孙元确登壬辰进士，授礼部祠祭。其子寅暨十七世孙康侯咸列乡书。后先济美，其为克家亢宗也，不亦赫赫乎哉？

茶山故有通祠，而墩头分派，庙飨弗举，是为缺典，非所以洽幽明和人神也。群诸子姓，穆然反其所自始谋所以妥灵而崇祀者。顾文祥一派，邈居草泽，苦涉弃谋。独文祯、文禧、文礼之裔瑞、琏、理，时泰、时亨、时靖、缨约等，相率倡义，醵金拓地，以创专祠，金凡二千有奇。而十世、十一世祖一体追奠，蒸尝不竭，盖优然尊祖敬宗之思也。嘉靖己未，十五世孙孔泽、孔庄、绸绘、宗尹乃佥议出所储金，殚力祠焉。先是始缔湫隘，百废未尽举，诸子姓之心未快足也。万历己丑，十六世孙让等遂改而新，乃市材鸠工，焕然轩豁，为堂，为室，为龛，为门，各匾其额，门外竖坊曰“进士”。墙垣缉缉，除阶翼翼，置祭田，设祭器定祭品，秩秩咸有条理，睎昔有加焉。祠既成，裔孙轮容□博士弟子员也，谓余属世戚，知卫事甚具，请记垂不朽。嗟乎！余何言哉？语有之“一岁树谷，十岁树木，百岁树德”，盖积累然也。祠之建也，卫百世之德也。是举也，经始于己丑年正月二十三日，成于七月十九日。倡议则十六世孙元祯，综理则十六世孙思忠，十七世孙宪、舜、民、法、当并书以诏来世。是为记。

万历十七年岁次己丑孟秋吉旦，十六世孙谈、心、十九世孙庆演立。

衛氏小宗祠記

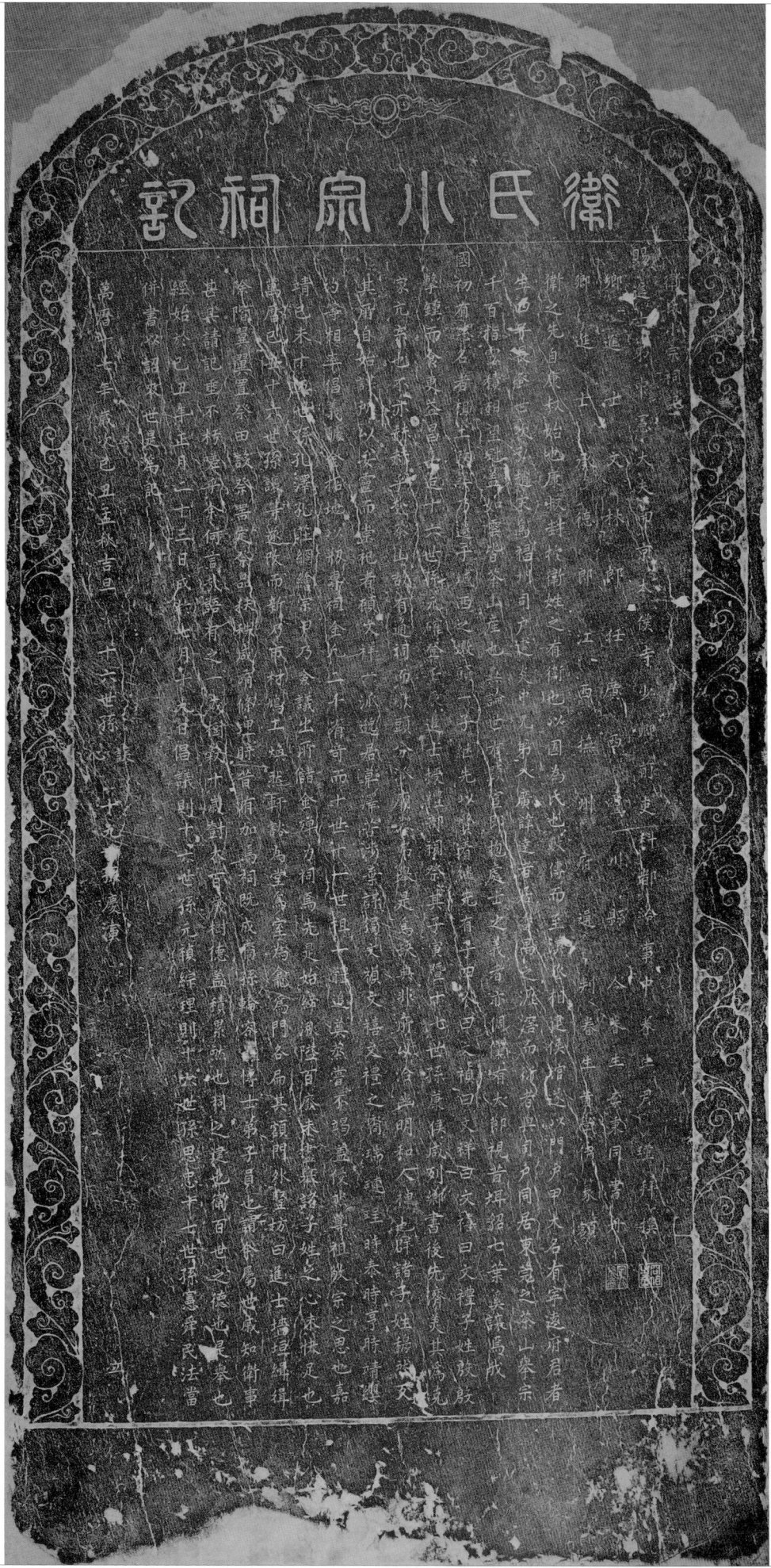

25

东莞县重修文庙儒学记

一六〇四年

明万历三十二年（1604）立石。徐兆魁撰文，尹璋书丹并篆额。

碑残，圆首，周边饰以花纹。残碑通高204厘米，宽106厘米，厚9厘米。碑额文字被刻意磨去。碑文楷书，32行，满行58字，抬头高1或2字，字径2厘米，文字磨灭难辨。〔民国〕《东莞县志》（卷95页1–3）有著录。

碑文：

东莞县重修文庙儒学记

国家以文取士，以学校养士，故士重文犹饥渴之于饮食；有司为士重学校，犹稼穑之于农曰。然，文重矣，而行略焉；学校重矣，而教化本原之未豫，于国家何补？古论秀于乡，本之六德六行，孔门四科之士首德行。即四教先文而行，忠信居其三，所重顾不可想欤？

岁庚子，舶可刘公以迁客来摄邑事，首谒庙，徘徊学宫不忍去。居无何，有修学之议，询谋佥同，寻得请于当道。会翁侯覲还，乃按成议，衷中详为区画，度经费，简有司，庀材鸠工，筮日兴事，首撤文庙，易故而新，栋柱榱题，间用旧者什一，泮宫头门，按天星正向。丙午，迁贤俊通衢坊于贤关之南，以重士路。由明伦堂、尊经阁而进修二斋，由启圣祠而两庑，而乡贤、名宦二祠，仍旧者饰之，朽坏者更之。棂星门外拓地深丈许，以广余气。创屏墙于带水之外，以护民居。

山麓之嶙峋，经营既周，规模益壮，登其堂巍然焕然，远而望冯冯翼翼，一时人士莫不共相庆藉，谓士运从兹，当应刘公之卜云。经始于本年十一月，逾年壬寅而工告成。费约一千五百有奇，内帑金八百余。悉翁侯倡之诸僚，采洎缙绅士民之好义者协成之。董其事则邑丞解公，解公心力俱殚，劳绩在士绅之口，不具述。事竣之明年为癸卯，学博杨君、陶君、邓君率襟士属余言以记始末。余惟天下事兴仆，时也；所以握兴仆之权，人也。茅茨土阶，不失为淳庞之治；华榱碧珰，无损于文明之朝。要以时至事起，质极文生。当其日，虽圣人不得不然者。况先师孔子之道，万古帝王有同尊焉。其尊之之礼，有隆无杀，无论国学，郡邑一也。故邑长吏视一方兴革，咸得以时新之，而学官尤重。是举也，余谛观之，有三难焉。恒情不可与虑始，以坐未及温而遽贻地方千金。未已之役事未见本末，其谁与我？而刘公卒效焉，一难也。持议易，人议之而遗我以必行，非意见生嫌，即物力是虑，而翁侯曾不以议非己出而拮据。岁月以总厥成，非有公天下之心者能之乎？二难也。责在我，权有不尽在我者，曲而徇，则堕功；径而行，恐速戾。善调停于二者，而怨谤不生，上下咸服，工程且立奏焉。自非负才干而设诚行之，何以得此？而解公有矣，三难也。

夫此三难，昭昭属莞人耳目，其可纪，虽谓与庙貌俱崇，士运俱远，岂过哉？然有说焉。学校者，贤才所自出，国家尊师重道，无非欲成贤育才，为天下计。今学官修矣，士幸服章缝，日雍容明伦之堂，而周旋俎豆之侧，其本业岂独修文已乎？大学之道，在明明德，新民，止至善，而旨归在修身，格致诚正，所以修也。齐治均平，由修而后得也。斋名进德，进此德也；修业，修此业也，皆修身一贯事也。士舍此无以为士，人舍此无以为人。故曰自天子以至于庶人，一是皆以修身为本。方今士习好华、好竞、好利，维风者，每峻为不修之防而逾防者时有，即同辈好修之士，耻为伍焉。夫士而至于人耻为伍，修之谓何？将何颜以对先师、先贤？而滥厕于雍雍济济之列，此皆学术不明而教化不行之过也。子舆氏曰："待文王而后兴者，凡民也。若夫豪杰之士，虽无文王犹兴。"夫凡民待教，豪杰不待教，则待教而犹不兴者，风斯下矣。士生今日，类无不人人豪杰，其不屑为凡民之下甚明。嗣今而往，倘舍其旧而新是图，由既至而勉所未至。毋阳饰其文，而阴惰其行；毋涉于匪类败群之行，而喜为画脂镂水之文。循是而前，淬砺不止，安知华实不并茂，德业不兼隆？近而二献三文之芳轨，未必不可追远。而元凯五臣九官十乱之余休，未必不可绍，宁论多博一第，取青紫荣名为也？此端学术，先修身之要道也。诚如是，庶几哉无忝宫墙，上以应贤父母急于士人藏修乐育之至意，斯为无负。诗曰：“岂弟君子，遐不作人。”又曰：“有匪君子，如金如锡，如圭如璧。”作人之途广，不尽修学一端，而翁侯兼焉。绎金锡圭璧之原，则切磋琢磨之功尚矣，请以是广重修之义，而厚望于雍雍济济君子。是为记。

翁侯讳汝遇，仁和人，戊戌进士；刘公讳复初，高陵人，癸未进士；解公洛，荆门人；杨君继辉，博罗人；陶君模、邓君林桂，俱保昌人；新任陈君乃乂，阳江人，皆与有成劳而乐观其盛，诸捐金衔名，并列碑阴，以志不磨。

赐同进士出身文林郎山西道监察御史前奉敕巡视三关巡按湖广福建顺天等府邑人徐兆魁撰文，庠生尹璋篆额并书丹。

东莞县知县翁汝遇、县丞解洛、主簿姚应龙、典史邓嘉言、儒学教谕杨继辉、训导邓林桂、陈乃乂万历三十二年岁在甲辰季秋谷日立石。

督工庠生卫勗、高大受、陈鸿基、林敬修、何天宪　、管工老人叶贤。

编者注：碑文中凡磨灭难辨之字均据〔民国〕《东莞县志》补全。

26

大明累赠淑人先妣（王）氏墓

一六二四年

明天启四年（1624）二月十八日立石。

碑残，残碑通高85厘米，宽60厘米，厚4.5厘米。碑文楷书，字径1.5厘米，存余文字多能辨识。

碑文：

大明累赠淑人先妣（王）氏墓

先妣淑人讳宝娘，字玉卿，篁村王□□公长女，先大夫正议公元配也。生于□□甲申正月十三日，终于隆庆辛未二月十七日，享年四十八。次日安葬本□麻合岭戌乾向之原。万历丙申，以魁御史考满，敕赠孺人；庚申，以魁右佥都御史考满，诰赠恭人。寻以魁历升左副都御史，恭遇覃恩，诰赠淑人。

天启四年二月十八日

男□　兆□□□（缺）尧龄、鹤□（缺）

曾孙士彦、国彦、俊彦、忠彦、圣彦、明彦、英彦、安彦等重修立石

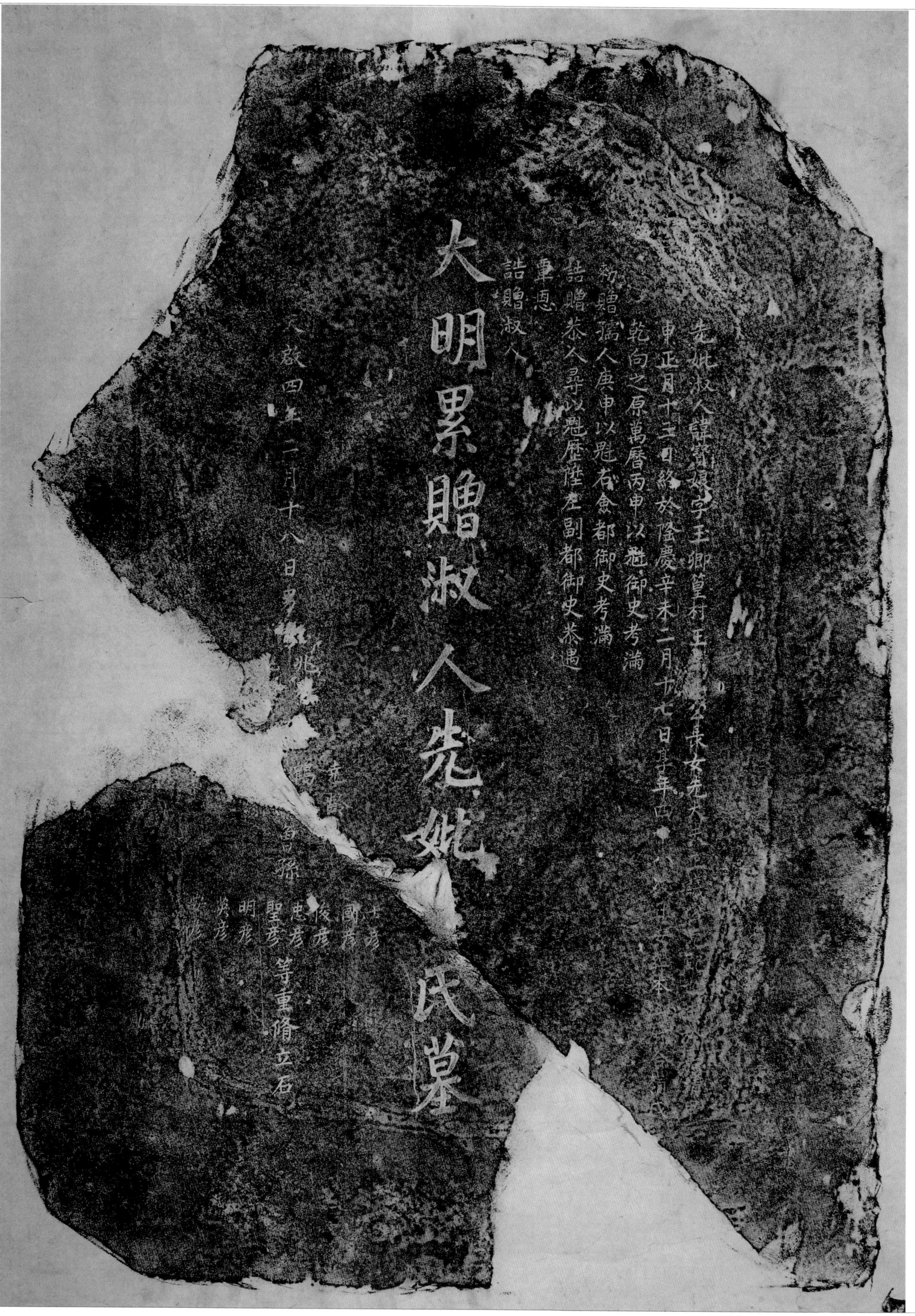
先妣淑人韓賓娘字王卿篁村王
申正月十三日終於隆慶辛未二月十七日享年四
乾向之原萬曆丙申以魁御史考滿
勅贈孺人庚申以魁右僉都御史考滿
誥贈恭人尋以魁歷陞左副都御史恭遇
覃恩
誥贈淑人
大明累贈淑人先妣
氏墓
天啟四年二月十八日男
孫
士彥
國彥
俊彥
忠彥
聖彥
明彥
等重脩立石

明天启六年（1626）重修，清雍正二年（1724）复修。

碑通高49.5厘米，宽36.5厘米，厚6厘米。居中楷书阴刻“宋特奏进士军器大监赐号梅外李公诰封四八太安人何氏墓”25字。 碑文楷书，17行，除名录外文字尚可辨认。

碑文：

四世祖志

宋特奏进士军器大监赐号梅外李公

诰封四八太安人何氏墓

公讳春叟，字子先，竹隐公长子，以《春秋》三领乡荐。初举嘉熙四年庚子科，再举淳祐三年癸卯科，三举景定五年甲子科。淳祐辛丑甲辰，两就会试皆中选，误写谨封，不果。第后就特奏进士，官至军器大监致政，赐号梅外处士。生宋嘉定已卯正月二十六日，终于元贞戊戌五月初二日，寿八十。娶安人何氏，有贤德。生三子，长昌期，年十八以《春秋》举宝祐三年乙卯魁；次昭可，季同文□□奉柩合葬英村麻地岭坤向之原。

（编者注：后有九至十五世孙名录，因字迹模糊难辨故省略不录）

天启六年岁次丙寅季冬吉旦，董事世孙永新等重修。

雍正二年壬子畅月谷旦复修，用砖加砌不去原茔灰土谨识。

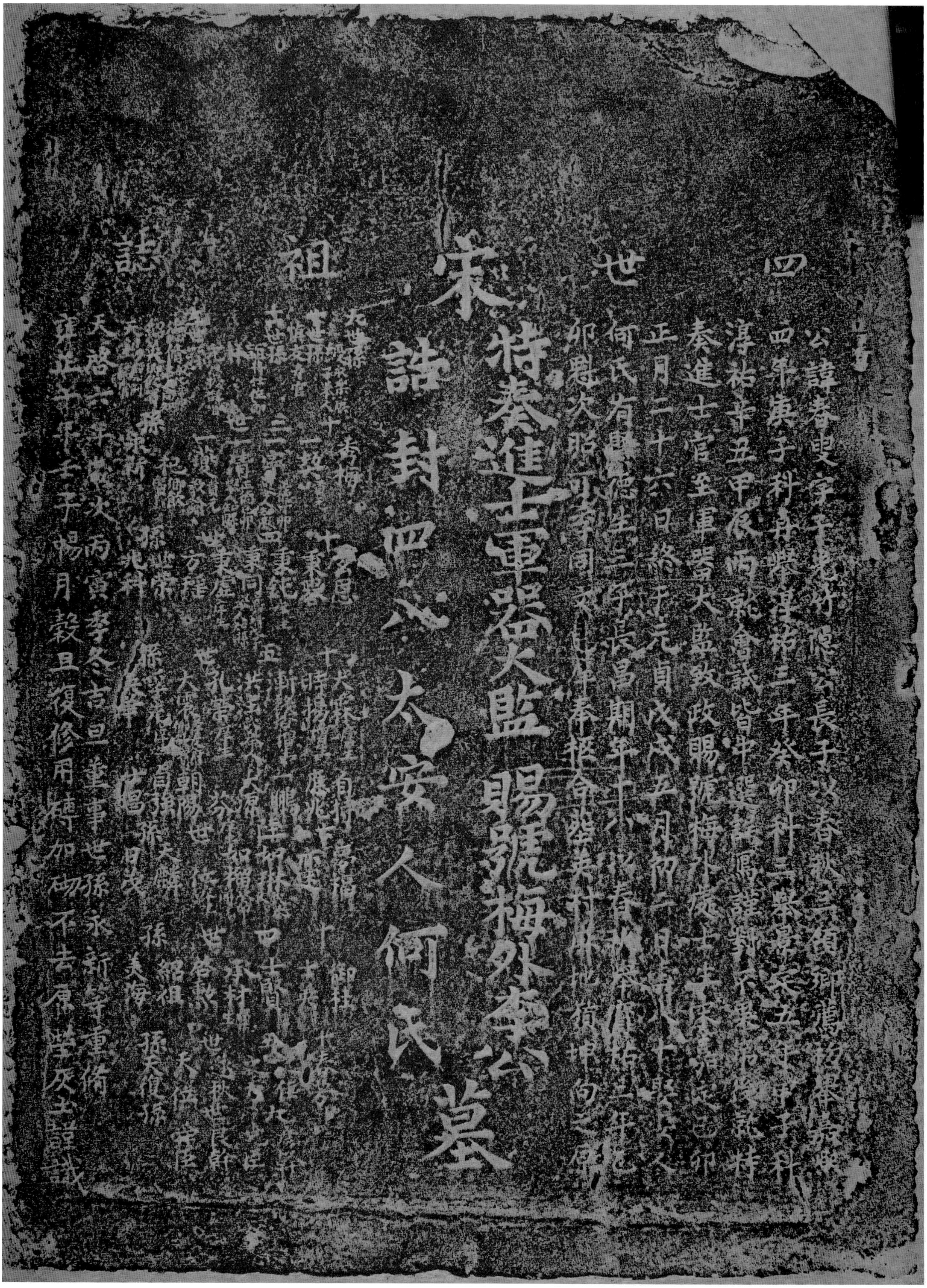
四世祖誌
宋特奏進士軍器大監賜號梅外李公墓
誥封四品太安人何氏

28

皇明追封增城侯谥文烈张公（家玉）墓

一六四九年

明永历己丑年（1649）立石。

碑通高56厘米，宽46厘米，厚6厘米。居中楷书阴刻“皇明追封增城侯谥文烈张公墓”13字，17行，行30字不等，字径1.5厘米，文字多模糊难辨。《张家玉集》（杨宝霖点校）有载。

按：张家玉（1616–1647），字玄子，号芷园，东莞村头村（即今万江区村头坊）人。崇祯十六年（1643）进士，授庶吉士。李自成陷京城，不降逃归。唐王朱聿键即位于福州，改元隆武，家玉被授为翰林院侍讲。设伏歼数千清兵，解抚州围。奉命募兵惠州、潮州，后唐王死，归里谋东山再起。永历元年（1647）与南海陈子壮、顺德陈邦彦相约抗清。三月初四，起兵到滘（即今道滘镇），不久攻克莞城。后李成栋攻陷莞城，家玉走龙门，进克博罗，收复连平、长宁、归善。十月，率兵围增城，李成栋往救，大战十日，家玉兵败，负重伤投野塘而死。

碑文：

皇明追封增城侯谥文烈张公墓

公讳家玉，字玄子，号芷园，系封增城侯体乾公之长子也。生于万历乙卯年十二月十三日辰时。元配一品侯夫人彭氏。由崇祯丙子科乡试易经中式第三十七名，崇祯癸未科会试中式第一百九名。初授翰林院庶吉士，升兵科给事中兼翰林院侍讲，钦命监军便宜行事，特赐正大光明银印，累升礼兵二部左侍郎。丙戌，虏骑入粤，大举义师恢复。丁亥冬十月，殉难增城。蒙恩加赠奉天翼中兴宣猷守正文臣，特进光禄大夫、左柱国、少保兼太子太师、武英殿大学士、吏部尚书，追封增城侯，谥文烈。己丑年八月十五日奉柩葬于将军岭牛眠acji亥向之原。

永历己丑年八月十五日荫袭锦衣卫指挥使加都督府同知胞弟家珍立石。

钦差户部浙江司主事陈子履谕祭。

钦差兵部武库司主事伦凤翔谕葬。

东莞知县凌玄渠、县丞苏之瓒、主簿张联标、典史刘曰藻同督造。

编者注：以上碑文引自杨宝霖点校《张家玉集》，广东高等教育出版社，1992年，页215。

皇明追封靈璧侯謚文烈張公墓
初授翰林院庶吉士陞六科給事
特賜正大光明銀印累陞禮
十月殉難增城
光祿大夫左柱國少保兼太子太師
己丑年六月十五日奉
衛指揮使都督同知
之瓚
聯標
全督造

宋皇姑八世祖妣赵氏之墓 一七一二年

清康熙五十一年（1712）立石。

碑残，四周饰以花纹。残碑通高59厘米，宽52厘米，厚5厘米。居中楷书阴刻“宋皇姑八世祖妣赵氏之墓”11字。碑文楷书，10行，满行34字，字迹清晰。

按：宋皇姑墓在东莞狮子岭，始建于宋淳祐六年（1246），占地面积80平方米。传说墓主人是宋高宗赵构之女、孝宗赵昚之姐、光宗赵惇之姑。

据《邓氏重修墓记》记载，“宋淳祐五年（1245）二月初七，皇姑卒，享年八十七岁”，诏命官谕葬，并命当时的风水明师、大宋国师厉伯韶亲自主庚，选址造墓，立“坤申向之原”，赐祭田10顷。皇姑坟历经明清两代三次重修。建国后，墓室多次被盗，上盖已倒塌，在颓垣败瓦中仍可见墓室的砌砖。1988年，旅居香港的邓氏后裔捐款重修，在东莞文物部门的协助下寻回原墓碑，重整墓面，恢复原有的华表，并新建一座“宋姬亭”，新筑的道路直至墓前。现为东莞市重点文物保护单位（1989年1月7日第四批公布）。

碑文：

宋皇姑八世祖赵氏之墓

祖妣皇姑赵氏乃宋高宗皇帝之女、光宗皇帝之姑，税院郡马惟汲公之配，嘉德懿行详载邑志。原乡锦田，后迁莞城莫家洞。生四子二女，郡马公先卒，别葬乡前佛凹山卯向之原。祖妣后薨，奉旨谕葬石井狮子岭坤申向之原。兹合族卜吉重修，泐石以志不谖。

男邓林子孙派居龙越头、北灶、凹下

邓杞子孙派居石井、壆下、白沙塘

邓槐子孙派居庄屋村、黎洞、大步头

邓梓子孙派居锦田厦村

皇清康熙五十一年岁次壬辰二月二十五戊寅日四大房（缺）

祖妣皇姑趙氏延
宋高宗皇帝之女　光宗皇帝之姑稅院郡馬惟汲公之配嘉德懿行詳載邑志原鄉錦
田後還莞城莫家洞生四子二女　郡馬公先卒別塟鄉前佛凹山卯向之原祖妣
後蒙奉　旨諭塟石井獅子嶺坤申向之原茲合族卜吉重修泐石以誌不諼
宋皇姑八世祖妣趙氏之墓
男
鄧槐子孫派居莖屋村黎洞大步頭
鄧林子孫派居龍躍頭北灶四下
鄧杞子孫派居石井塋下白沙
鄧梓子孫派居錦田厦村
皇清康熙五十一年歲次壬辰二月二十五戊寅日四大房
咅

30

装金建造方丈重修各堂碑记

一八一一年

清嘉庆十六年（1811）立石。

青石质，碑残。碑通高110厘米，宽76厘米，厚5厘米。碑额楷书阴刻“装金建造方丈重修各堂碑记”12字。碑文楷书，33行，行10字不等，存余文字多磨灭难辨。

编者注：碑文均为人名，从略。

裝金建造方丈重修各堂碑記
各鄉紳耆士庶題助芳名
各鄉信婦信女題助芳名
各山諸庵法屬題名
各庵比邱尼題名
本山法屬捐金題名
嘉慶十六年歲次辛

31 皇清例赠修职郎显祖考穆齐陈公之墓 一八一三年

清嘉庆十八年（1813）立石。

碑通高54.5厘米，宽33.3厘米，厚4厘米。居中楷书阴刻“皇清例赠修职郎显祖考穆齐陈公之墓”16字，碑文楷书，11行，行26字不等，除个别字外字迹清晰。

碑文：

皇清例赠修职郎显祖考穆齐陈公之墓

公□□□，字□友，号穆齐，乃温塘□□东湖公二十二世裔孙、□裕胜公之次子也。生平好善，乡族推崇。原配孺人裘氏，合生三子，孟天福、仲□柱、季天全。公生于康熙丙辰年六月念一日吉时，终于乾隆戊寅□月十四日吉时，年寿八十有三。嘉庆六年奉柩迁葬于本山，土名□仔，□企□□向壬兼已亥吉穴，坐己向亥兼丙壬之原 。

温塘袁德□先生□

孙文禄、文楚、文魁、文佐、文□、文彦、烈承，曾孙鸣□、鸣凤、鸣玉、鸣盛，元孙祖应、祖耀等立石。

嘉庆十八年岁次癸酉三月十八日辰时重修。

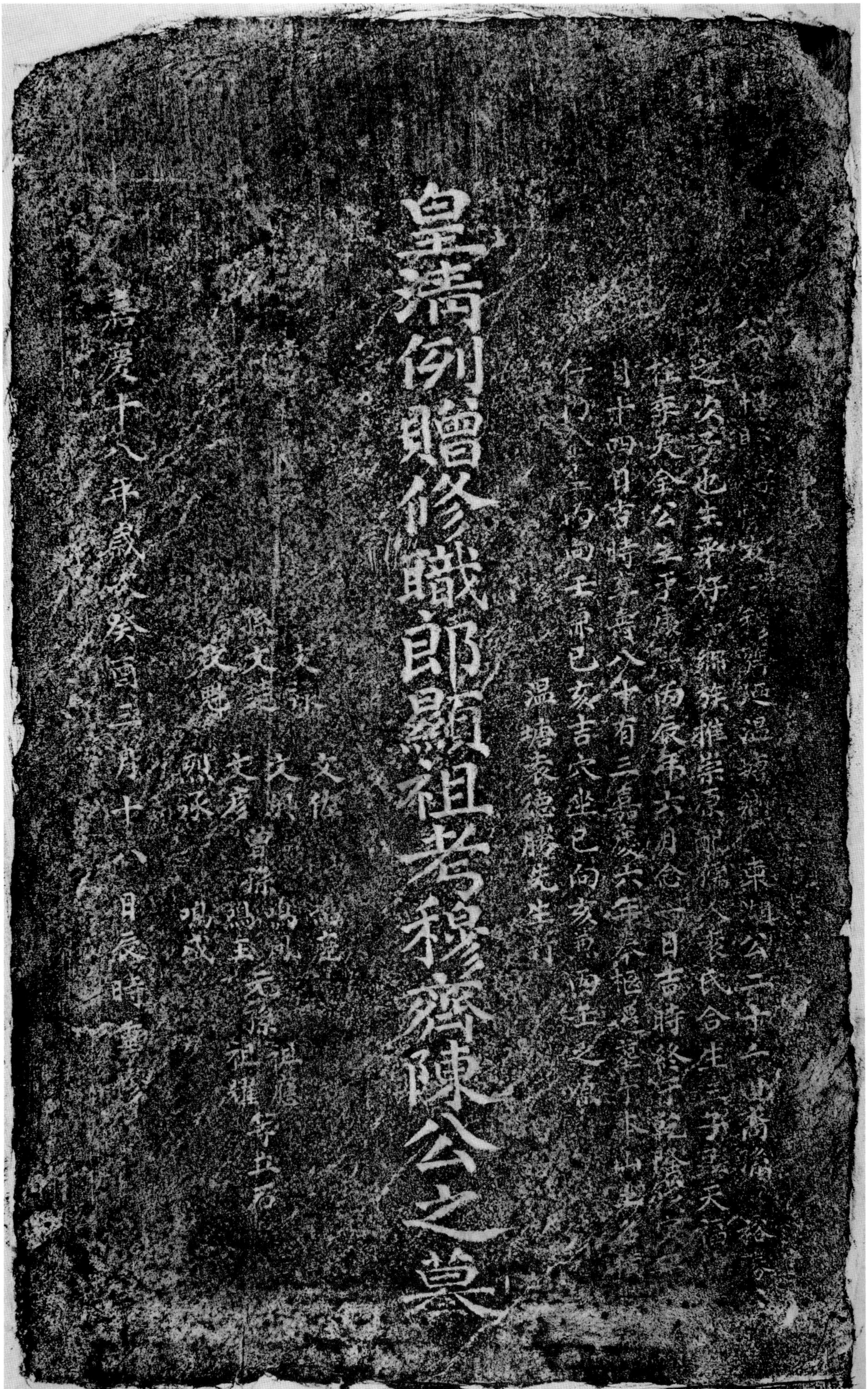

皇清例贈修職郎顯祖考穆齋陳公之墓
嘉慶十八年歲次癸酉三月十八日辰時

32

重建东莞县署碑记

一八五五年

清咸丰五年（1855）立石。华廷杰撰文，黄汝梅篆额并书丹。

碑残，残碑通高123厘米，宽67厘米，厚6.4厘米。碑额篆书阴刻“重建东莞县署记”7字。碑文楷书，34行，行19字不等，字径2.5厘米，字体隽秀，字迹清晰。

按：清咸丰四年（1854），东莞县署被太平军烧毁，故翌年重建。

碑文：

重建东莞县署碑记

东莞县县治，明以前无考。洪武初，建立官舍，后倚壬峰，前止谯楼。乾隆末，楼再修，更名拱北。数百年来，风霜兵燹之变易，其间补苴增损屡矣。咸丰四年，岁甲寅暮春，余秩满受代去。五月，土匪乱作，署毁于火。再捧檄摄篆事，资绅民力，协济战守。期年而寇平。相与议新治所，重职守也。客有私于余者，曰：“拱北楼，官利而民害也。迹其岿然面南山，官辄岁迁，或再岁迁。起视四境，文教替，士气颓矣。□□好斗，莠民日滋矣。父老藉藉，窃惟楼是忧，□以毋再建请。”余辗然笑曰：“是阴阳家说也，然

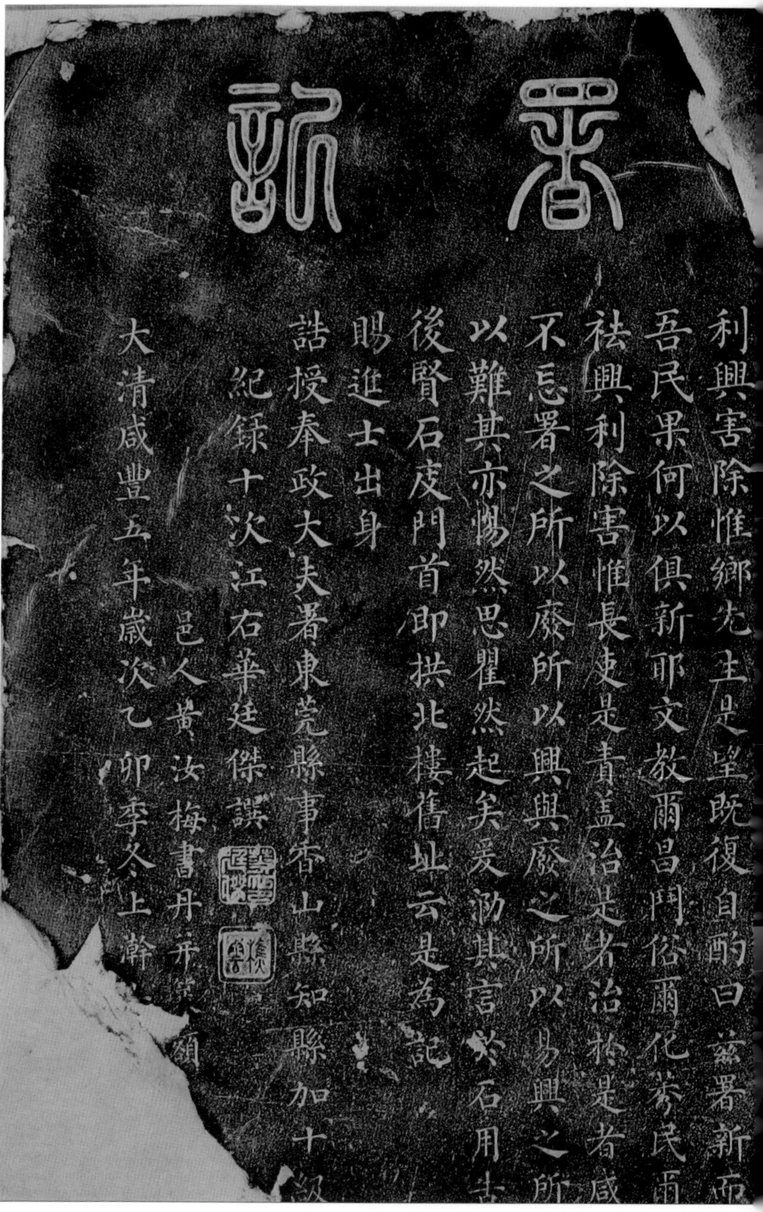

果利，胡一朝而烬之？官父母斯民而□□利害者也，就使民害而官利，犹将损上益□□，不肯咈百姓以从己欲。夫何以再建为？且夫天下事，当论是非，不当论利害。公是公非，所在虽排众议，执己见而非偏。若徒以利害较，官曰：‘我利也，必以存’，民曰：‘我害也，必欲去。’是交私而争□，官与民各挟一私以争，此泯然已朽之土木□，□不贻笑于盗贼，而为烛理者所深讥也。夫□□再建为？”客唯而退，邑人闻之大悦。辇资助□，相属于道，卜日兴作，楼辟而门矣，山则犹南面也，其余若石若木，悉践故迹。三阅月而工竣，乃进邑之士大夫而觞之，曰：“兹署新，而吾民殆与之俱新耶？昌尔文教，化尔斗俗，祛尔莠民，利兴害除，惟乡先生是望。”既复自酌曰：“兹署新，而吾民果何以俱新耶？文教尔昌，斗俗尔化，莠民尔祛，兴利除害。惟长吏是责，盖治是者治于是者，咸不忘署之所以废所以兴，与废之所以易、兴之所以难，其亦惕然思，瞿然起矣。”爰泐其言于石，用告后贤。石庋门首即拱北楼旧址云。是为记。

赐进士出身诰授奉政大夫署东莞县事香山县知县加十级纪录十次江右华廷杰撰（**编者注：其下有两枚华廷杰之印章**）。

邑人黄汝梅书丹并篆额，大清咸丰五年岁次乙卯季冬上澣（缺）

33

★张家齐祖父母诰命碑

一八七二年

清同治十一年（1872）二月立石。

花岗岩。碑通高288厘米，宽110厘米，厚16厘米。无碑额。碑文楷书，30行，满行15字，抬头高1或2字，字径5厘米，字迹清晰。

按：张家齐（生卒年不详），字鹰扬，号汝南，张熙元第四子。随叔父敬修从军广西，以军功由佐贰擢知府，署浔州同知。调贵县令。有土豪梁修，聚党千余，为地方一害。张家齐下车伊始，执而杀之，奸猾皆震慑。同治八年（1869）丧父，回籍。云贵总督岑毓英奏保督办云南矿务。生母卒，嫡母年高，遂不复出。张家齐性慷慨，乐施与。光绪十四年（1888）东莞水灾，捐千金赈济。曾倡办广州爱育善堂，又于东莞山门、飞鹅等处创设接婴所，提倡新法接生。年六十七卒。有《守忍山农诗章》（已佚）。

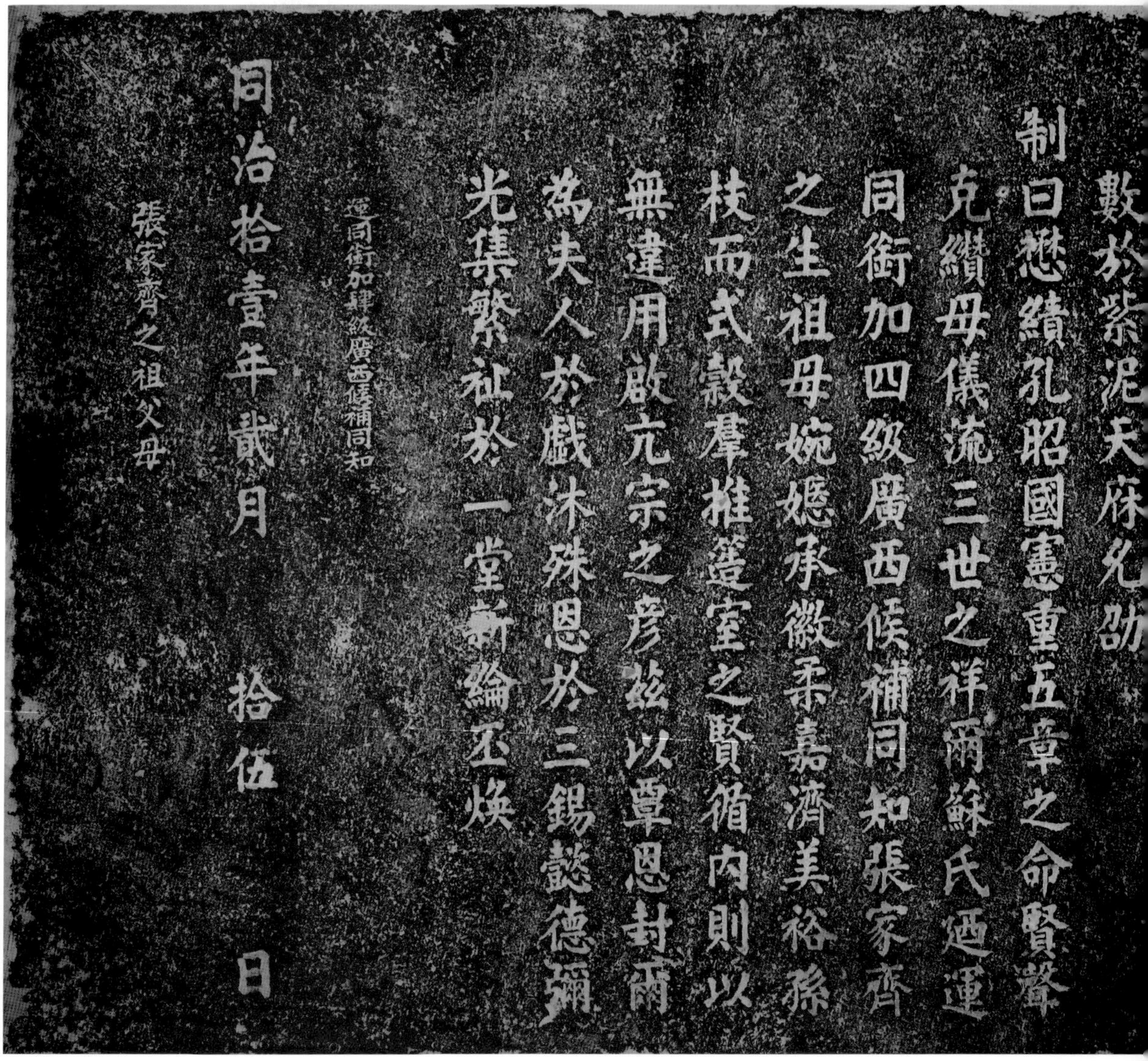

碑文：

奉天承运皇帝制曰：考绩报循良之最，用奖臣劳；推恩溯积累之遗，载扬祖泽。尔张应兰乃运同衔加四级广西候补同知张家齐之祖父。锡光有庆，树德务滋，嗣清白之芳声，泽留再世；衍弓裘之令绪，祐笃一堂。兹以覃恩，赠尔为通奉大夫，锡之诰命。於戏！聿修念祖，膺茂典而益励新猷；有谷贻孙，发幽光而丕彰潜德。

制曰：策府酬庸，聿著人臣之懋绩；德门辑庆，式昭大母之芳徽。尔陈氏乃运同衔加四级广西候补同知张家齐之祖母，箴诫扬芬，珩璜表德。职勤内助，宜家久著其贤声；泽裕后昆，锡类式承乎嘉命。兹以覃恩，赠尔为夫人。於戏！播徽音于彤管，壶范弥光；膺异数于紫泥，天庥允劭。

制曰：懋绩孔昭，国宪重五章之命；贤声克缵，母仪流三世之祥。尔苏氏乃运同衔加四级广西候补同知张家齐之生祖母，婉嫕承徽，柔嘉济美。裕孙枝而式谷，群推篷室之贤；循内则以无违，用启亢宗之彦。兹以覃恩，封尔为夫人。於戏！沐殊恩于三锡，懿德弥光；集繁祉于一堂，新纶丕焕。

运同衔加四级广西候补同知张家齐之祖父母

同治拾壹年贰月拾伍日

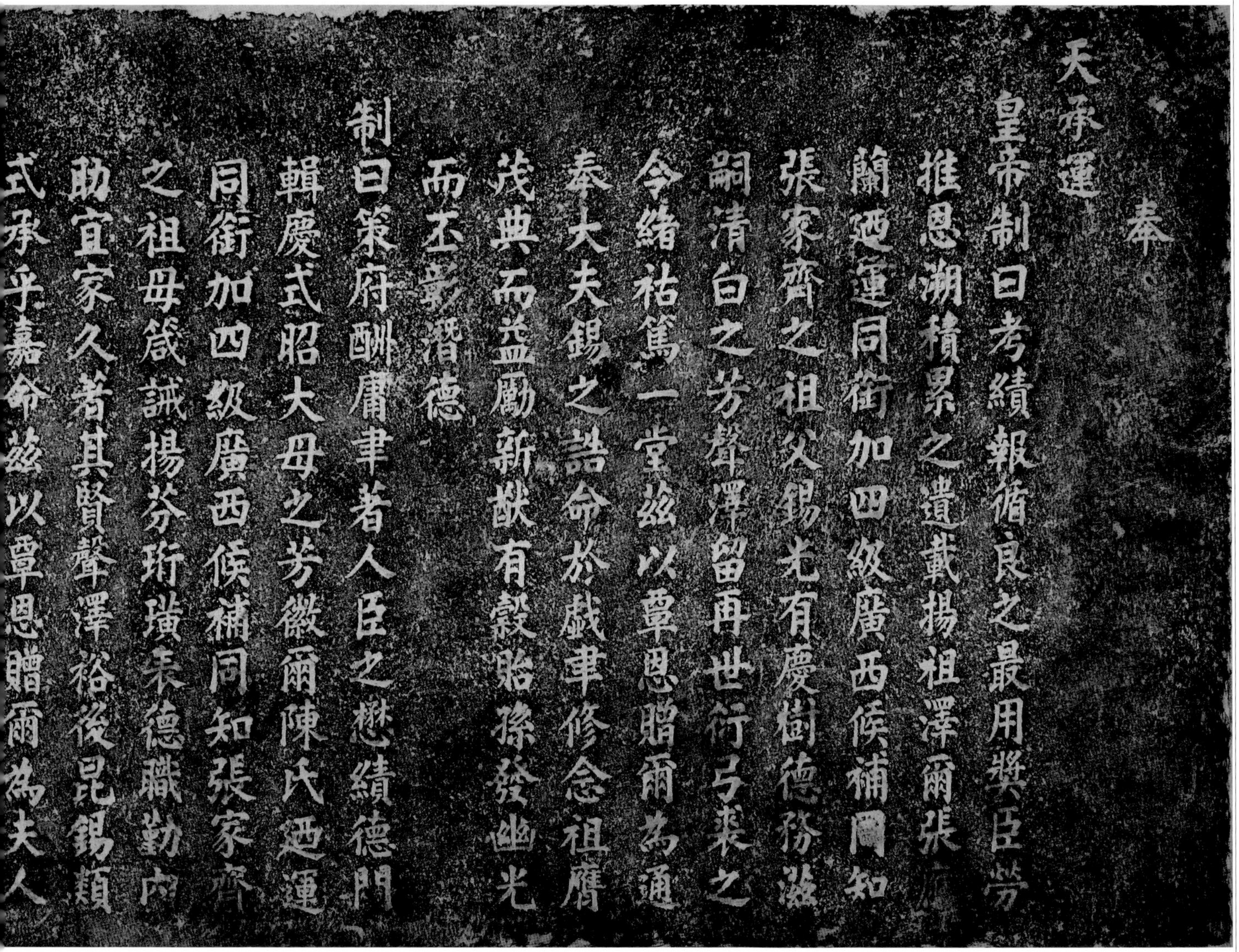

光绪丁酉二十三年（1897）重修立石。

碑通高57.5厘米，宽47厘米，厚9厘米。碑文楷书阴刻“明讷庵何公安人袁氏墓”等24字，字迹清晰。

碑文：

明讷庵何公安人袁氏墓

光绪丁酉贰拾叁年重修　丙向之原

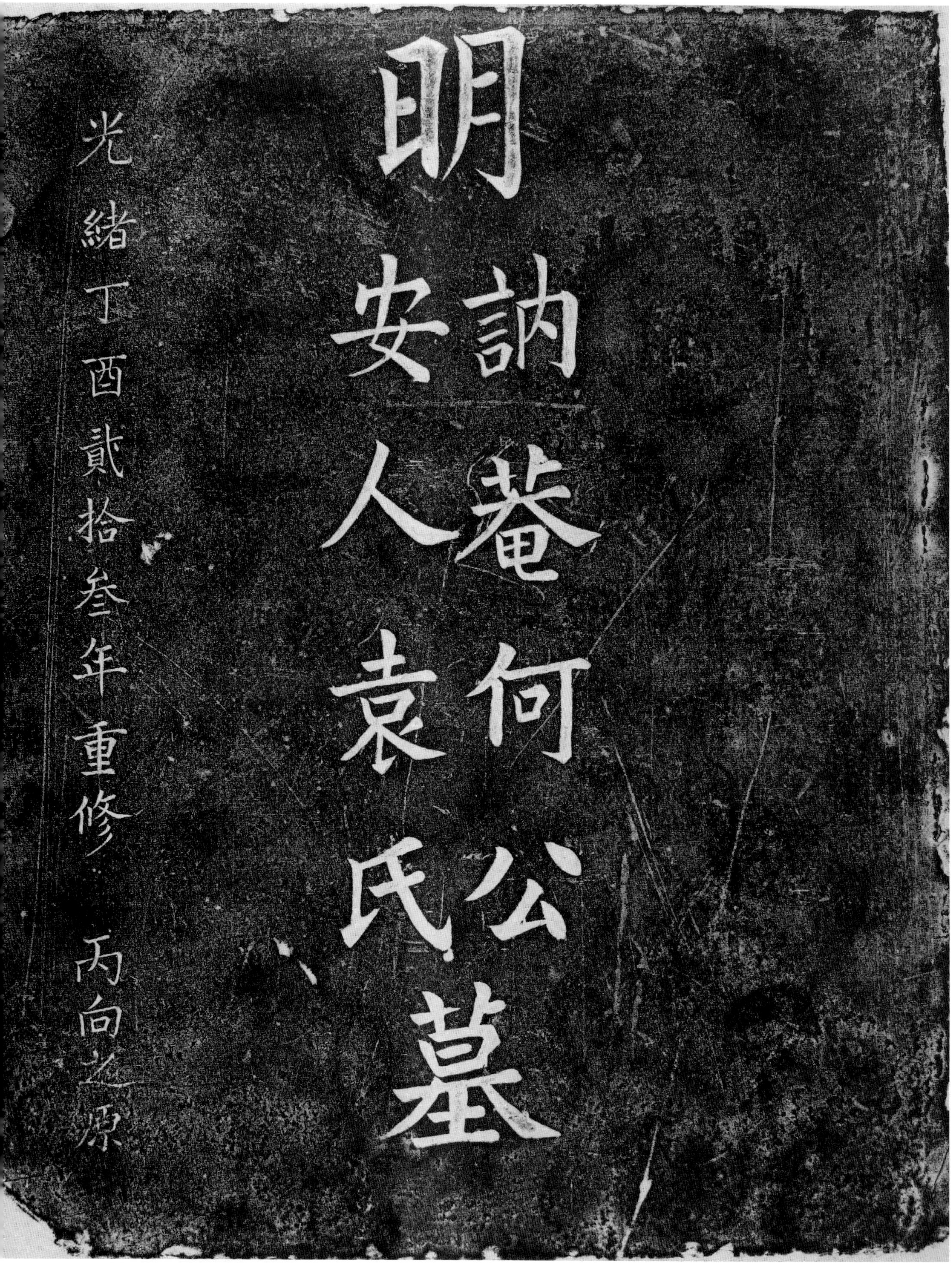
明
訥菴何公
安人袁氏
墓
光緒丁酉貳拾叁年重修 丙向之原

民国二十四年（1935）立石。邓庆史撰文。

碑通高98厘米，宽35厘米，厚13厘米。碑文楷书，11行，行22字不等，字径3厘米，除个别字外字迹尚可辨识。

碑文：

东莞县政府布告

为布告事现准国民革命军第三军第九师二十七团团长何宝书□□该族有何讷庵堂祖坟一座在篁村塘贝地方，近被该乡附近乡民在该墓前后堆置头菜桶等物，致□墓□请出示禁止，以保祖坟等由□此□听称尚属事实。该塘贝地方附近乡民此种行为，确有妨碍私人祖墓情事，自应严□禁止，以保坟墓。合行布告，仰塘贝地方附近各乡乡民一体知照。即将堆置该何讷庵堂祖坟前□□桶等物搬迁别处，并嗣后不准再有堆置，以免□□□□切毋故建□□为要。

此布

中华民国二十四年十月廿六日

县长邓庆史

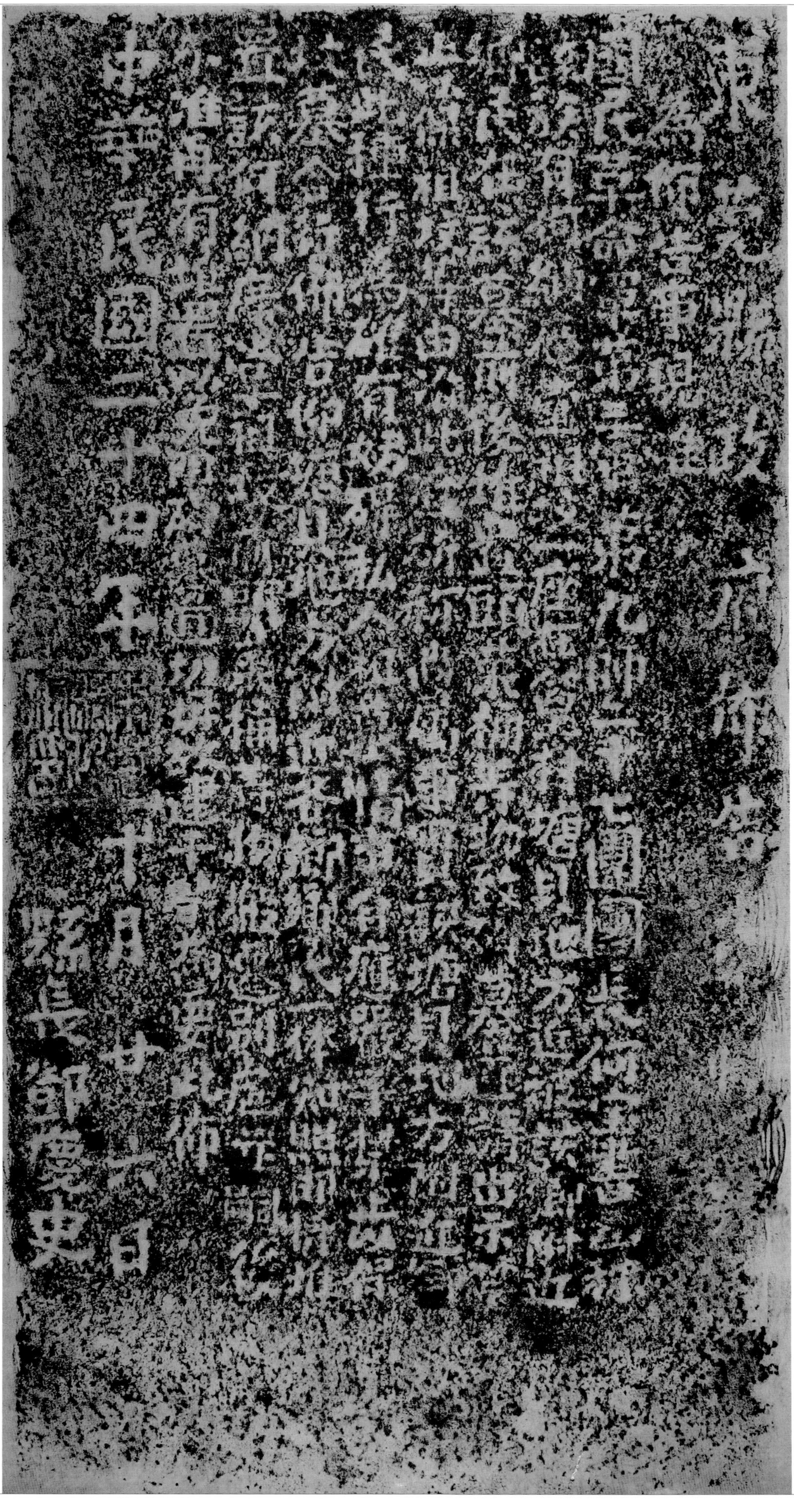
中華民國二十四年
縣長

民国二十九年（1940）六月立石。

碑通高122厘米，宽60厘米，厚13厘米。无碑额和正文题名。碑文隶书，11行，行28字，字径3.5厘米，字迹清晰。从碑文内容看，应为日本侵略者为美化侵略战争而立。

碑文：

日华古昔为崇尚道义之邦，文化交流之国。姬周而后，陈迹斑斑可考。溯其历史，经二千余年。降及近世，道统晦盲，义理障塞，内受杨朱为我主义之熏陶，外受欧美物质文明之诱惑，遂祸起萧墙，患生俄顷，殊属遗憾。今日本为唤醒黄魂，建设新东亚计，特本其八纮一宇之精神，以领导黄族，展其四海一家之怀抱，以协和万邦。故此次出师，意义重大，不名之曰兵争，而名之曰圣战，然已往日支诸同志之为此圣战而牺牲者，不知其几何矣。佛家有言：“我不入地狱，谁入地狱？”诸先烈怀抱之大，任事之勇，死事之烈，亦可风矣。昔文天祥先生有言：“孔曰成仁，孟曰取义。惟其义尽，是以仁至。读圣贤书，所学何事？而今而后，庶几无愧。”诚堪持赠。今当皇二千六百年之良辰，谨于鹅岭之巅，建筑日华忠魂纪念碑，所以纪念忠魂，永垂矜式，并寓庆祝圣年之意云。

中华民国二十九年六月吉日立

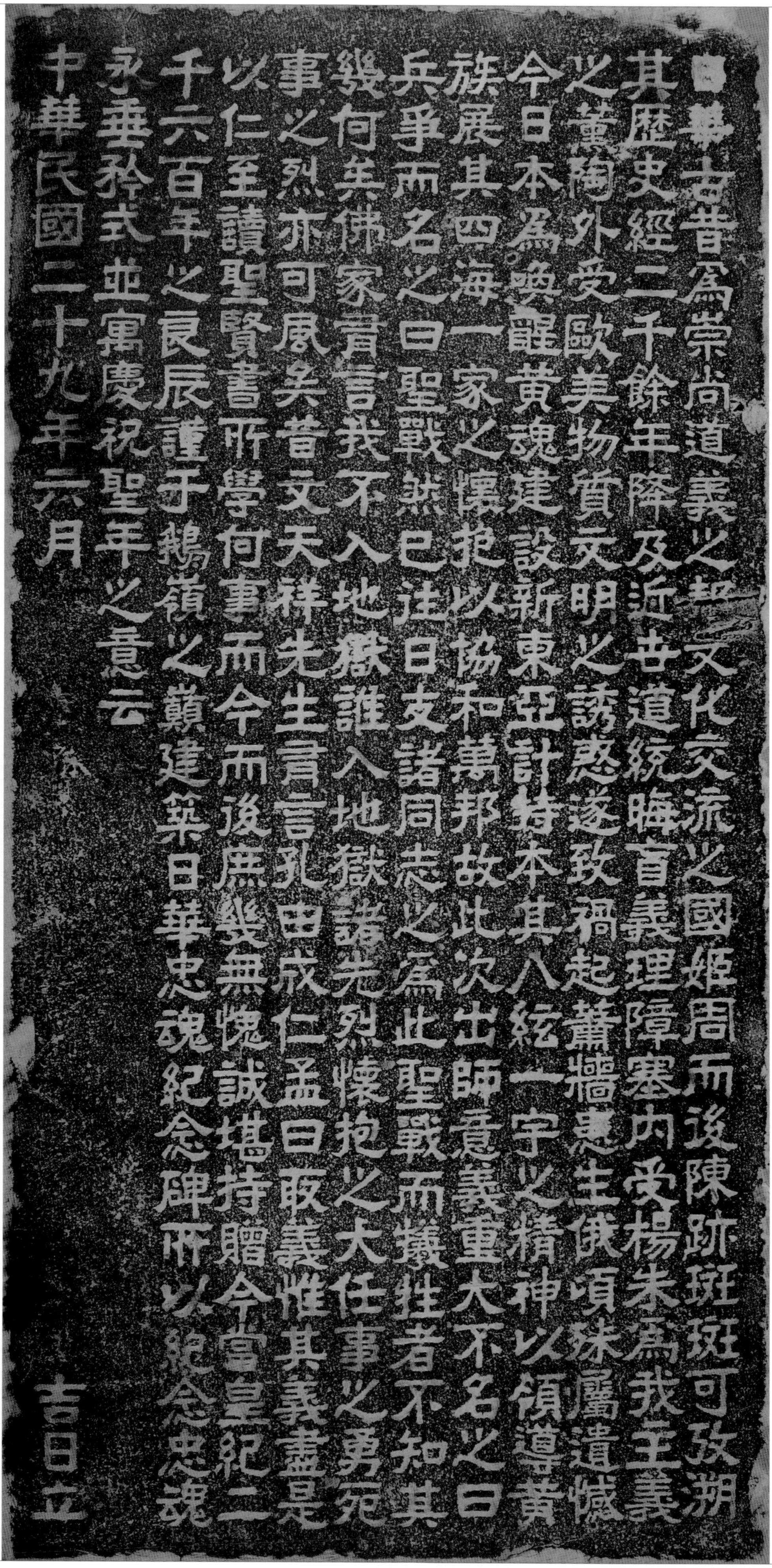
中華古昔為崇尚道義之邦文化交流之國姬周而後陳跡斑斑可考溯
其歷史經二千餘年降及近古道統晦盲義理障塞內受楊朱為我主義
之薰陶外受歐美物質文明之誘惑遂致禍起蕭牆患生俄頃殊屬遺憾
今日本為喚醒黃魂建設新東亞計特本其八紘一宇之精神以領導黃
族展其四海一家之懷抱以協和萬邦故此次出師意義重大不名之曰
兵爭而名之曰聖戰然已往日支諸同志之為此聖戰而犧牲者不知其
幾何矣佛家言我不入地獄誰入地獄諸先烈懷抱之大任事之勇完
事之烈亦可風矣昔文天祥先生言孔曰成仁孟曰取義惟其義盡是
以仁至讀聖賢書所學何事而今而後庶幾無愧誠堪持贈今當皇紀二
千六百年之良辰謹于鵝嶺之巔建築日華忠魂紀念碑所以紀念忠魂
永垂矜式並寓慶祝聖年之意云
中華民國二十九年六月　吉日立

37

大明处士十三卢公孺人林氏墓

明代立石，具体时间不详。

碑通高69.5厘米，宽46厘米，厚4厘米。居中楷书阴刻“大明处士十三卢公孺人林氏墓”13字。碑文楷书，6行，行18字不等，字径3厘米，除个别字外字迹清晰。

碑文：

大明处士十三卢公孺人林氏墓

公讳□惠，字礼卿，行十三，宋进士焕午公之孙也。生于元大德乙巳，终于明洪武甲寅二月十八日，享年七十。初配吴氏，继配林氏，同邑大石□人，生年失传，终同公年。五月十七日，与公合葬林家坑卢屋岭丙午向之原。

大明天顺年辛巳十二月二十四日曾孙祥等重修立石。

公諱宗惠字禮卿行十三號迂士樵乎公之孫

也生于元大德乙巳終于明洪武甲寅三月

十六日享年七十初配吳氏繼配林氏同邑大

大明處士十三盧公墓

孺人林氏

名姿□生年大傳終同公年五月十七日與公

合塋林家坑虎崖嶺丙午向之原

大清□年歲[illegible]二[illegible]立

大明处士云隐卢公孺人何氏墓

立石年代不详。

灰岩。碑通高76厘米，宽48.5厘米，厚4.5厘米。居中楷书阴刻“大明处士云隐卢公孺人何氏墓”13字。碑文楷书，8行，行20字，字径2.5厘米，部分文字磨灭难辨。

碑文：

大明处士云隐卢公孺人何氏墓

（缺）□午五月十八日，终于大明洪武癸亥□□□□□，年四十二。权葬城南洗马桥山。配何氏，生于元□□酉七月二十一日，终于宣德戊申十二月二十九日，年□十四。明年乙酉十二月二十五日，迁公与孺人合葬林家坑卢屋岭丙午向之原。公行实详载礼部尚书王英所撰墓志铭。

大明□□□年□□十二月二十一日□□□□立石。

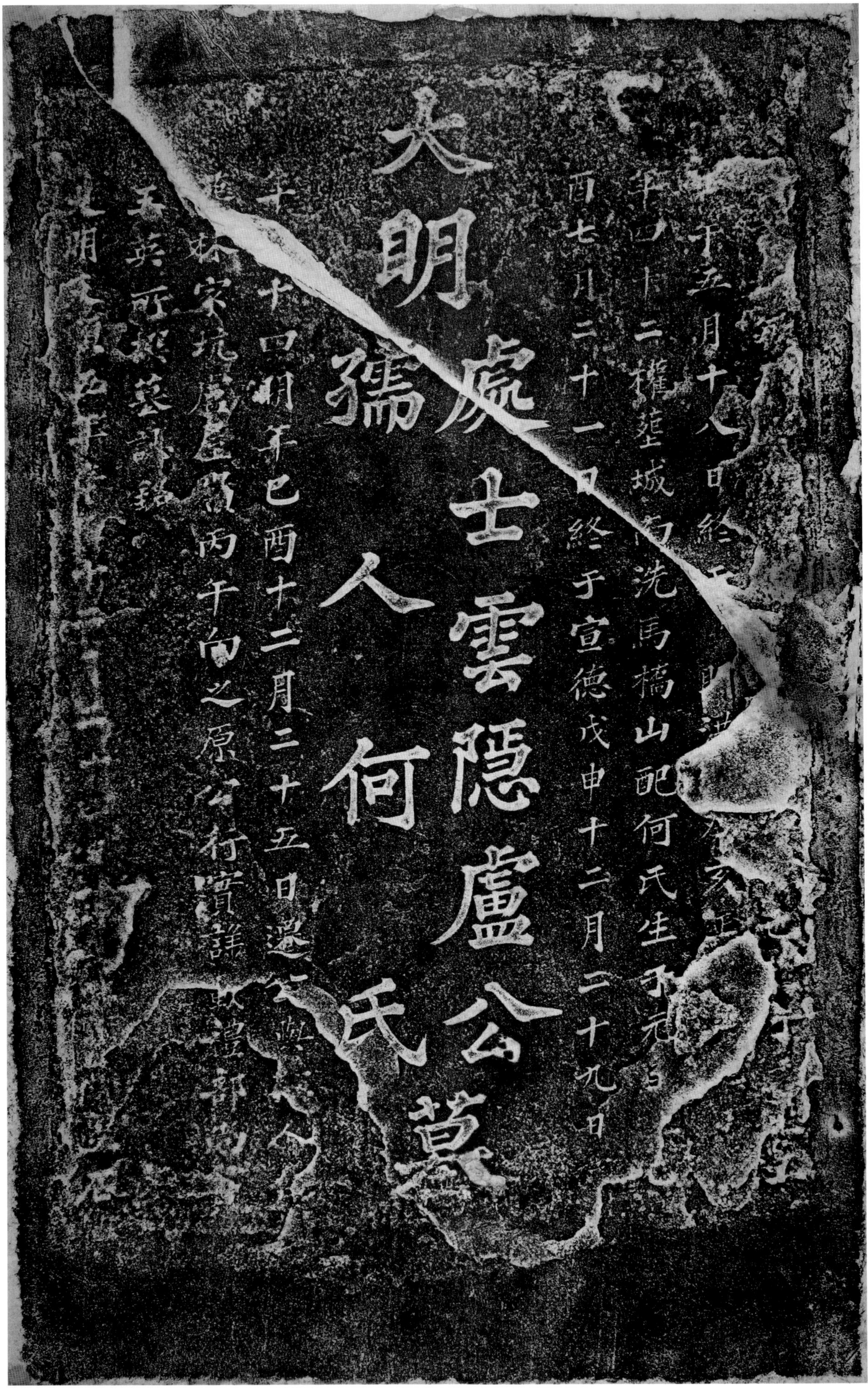
于五月十八日終于
年四十二權塟城南洗馬橋山配何氏生于元
酉七月二十一日終于宣德戊申十二月二十九日
大明處士雲隱盧公墓
孺人何氏
十四則年己酉十二月二十五日遷
祔宋坑處盧公丙午向之原公行實謹
吾兵所撰墓誌銘

东冈钟公(渤)墓志铭

约明嘉靖年间立石。黄佐撰文并书丹。

圆首。碑通高171厘米，宽98厘米，厚16厘米。碑额篆书阴刻“东冈钟公墓志铭”7字。碑文楷书，23行，行50字不等，抬头高1或2字，字径2.2厘米。因风化严重，文字多难辨识。〔民国〕《东莞县志》（卷93页11-12）有著录。

按：钟渤（1457-1528），字元溥，号东冈，东莞寮步横坑人。明弘治六年（1493）进士，历任刑科、吏科、兵科、工科都给事中、浙江参议、云南左参政、大中大夫等职。

碑文：

明进大中大夫云南布政使司
左参政致仕东冈钟公墓志铭

东冈钟公致政十有七年，考终于家，嘉靖戊子七月二日也。以其年闰十月二十有八日，葬于圣堂园。孤凤林持乡进士尹君嵩状来拜，泣请志其墓。予辞不获，乃书曰：国家之运，其犹天乎？于穆之化，始于元，盛于亨，我孝皇在宥，则亨之会也。是时中外臣工精白承德，天下莫不知贵贵而尊贤。公方为给谏，每归至省城，虽儿童亦竞传曰：“钟黄门至矣。”群有司日往候之，礼腆而意恪。正德初，珰窃王鈇，搢绅气夺，虽显有爵位，市人易视之。故曰：周之士贵以肆，秦之士贱以拘，非士之赋才尔殊也，亦上之遇之使然也，故予于公乎有感。

按状，公讳渤，字元溥，东莞人。曾祖定安，祖玘，父铎，皆有隐德。母陈氏。公少端颖，年十有二从钟先生琪学《春秋》，既精益勤。二十有一，举于乡，从之游者甚众。弘治癸丑，试春官，对大廷，皆冠岭南。观吏部政，以例归省。乙卯还朝，选为刑科给事中，寻奉命验大仓加秤粮银，廉得督仓太监以下罪，劾奏以闻。丙辰，山西巡按御史讦奏按察副使失库银罪，命公往勘。获库吏柴光实迹，洗副使冤，奏闻释之，人以为神明。戊午考绩，进阶征仕郎，封父如己官，母妻皆孺人。辛酉，擢吏科右给事中。适朝觐，备奏考察之弊，且乞归省，有旨行该部。适辽阳兵动，敕公勘问，劾镇巡大臣启衅纳侮以闻，及复命，再疏分兵固圉，以捍外患，上皆嘉纳。寻擢兵科左给事中，复疏归省，得予告归，甫期月还朝。甲子，会计天下仓积，奉命往湖贵查盘，治侵克诸罪，有差事未竣，进兵部都给事中。闻父忧，复命终制。正德丁卯，起复补工科，无何，逆珰横构以仓库事，罚米百余石，终无以辨。己巳，拜浙江左参议，民方罹旱疫，发廪赈饥，咸受其惠。辛未，进云南左参政，时蛮寇叛，公运粮固守，与有功焉。御史上其事于朝，而公已致政归矣。癸酉，朝廷赏赐，即其家授之，赏前功也。

公仪表魁硕，性度慎约。既致政凡四，为乡饮正宾，足迹不复履省城。积俸有田十余顷，罔或营私利，乃建大小宗祠，置祭田，立乡馆，修学宫、道路、桥梁之弊且废者，人以为难。先考尝受业于公，爱敬公如父兄，称为伟人云。所著有《东冈集》，藏于家。

公生于天顺丁丑四月七日，寿七十有二。配孺人袁氏，鞠视诸子如己出。长即凤林，世《春秋》业，为学官弟子；次儒林、士林、词林。女长适黎文英，次适张宗汉，次在室。於戏！士君子之用世，厥惟时哉？学可以仕矣，而或不显，显矣而患非其时。时之不逢，虽孔孟穷且阨，譬之朊田凶岁，薦□罔奏功。若公之显晦，动与时会，岂非德之积累感召然耶？因公而及国家之大者，以见际遇如此之难也，用以励其后之人焉。

赐进士出身前奉政大夫江西按察司佥事翰林国史编修黄佐撰并书。

编者注：碑文中凡磨灭难辨之字均据〔民国〕《东莞县志》补全。

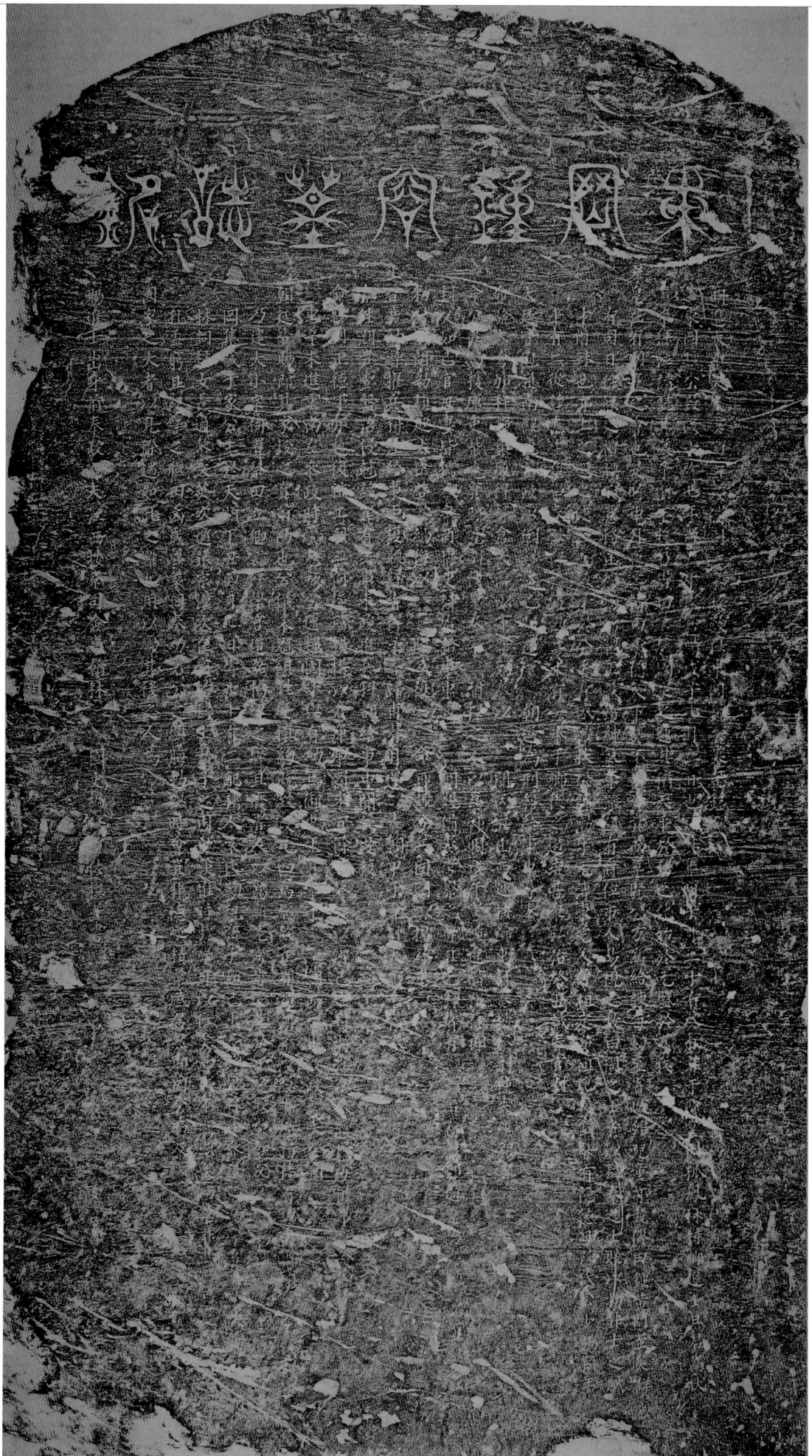

40

东莞县学□记

约明嘉靖二十年至二十九年间（1541–1550）立石。

板岩，圆首，四周饰以花纹。碑通体高119厘米，宽95厘米，厚7厘米。无碑额，正文题名为“东莞县学□记”。碑文楷书，21行，行45字不等，字径1.8厘米。碑身有多处凿过痕迹，文字多漫灭不清，故无法断句，惟录残存之碑文以供研究者参考。

碑文：

东莞县学□记

东莞儒学凡□更置□田肇惟宋□熙至嘉熙时履亩一百不及十分之一暨元□□则米二百八□□石□□□□□□□钦二十四□二□□□历国朝前□□□□□改天顺间□□官前塘□□寻一之成化□增兴贤桥□□豪地若干步以屋民凡五十□间架□□入租银一□□两四钱□分正德辛巳修置田四十□□五分土名独树材岁纳□金一十八两二钱七□□釐未几弗□寻□归之□□加二亩共四十四□五分□□熊将军入祠崇贤复以其祀田可稽在大□□者六十亩附益之岁纳白金七两二钱赋三□亩田入有差此学租太都巅末□国家置学禄□□儒膳而□□有恒给惟礼义□□□□惟夫识贯道□等□邑而上皆□□宪学尤专承中间文移簿例悉有□为养廉升斗祇□□阁他□□世昌文□简日侈□□□□□□□□绝□馔所悬何其而所不及□广是故学田以济国家养□□□□亦贤当道□有司□之不可□□或探□□□□□□□□否则□祠僧道之所归士□□上下不见□然而事不视有司无领守无所於度支子□□□□其父□□末流或移□□有□故头□诸生而聚之若周人之□然其不甚者□□以衣□为累欲解脱他归□所尤恶在□□□□道之设心近始前辈□习□散出□□有公籍事□□领数必堂库□□周知用非师□□通务弗以应是故□田非□有司弗立非贤师儒弗□立惟得人是故□□□发而□□而□□□□行惟得人是□公而□私□□公□我由废而兴由私而公□□□兹乎苟兴而私而□也共亦惟今兹之会乎公私□废正王道之有开于□□所当□明者□后先有事凡□而今而□称有劳惟揭□王君中行□□□君□□以宋令□殚□□元无□令我明□□□行惟□兴是□兹惟□□以池□田产□太察湖南谢公珊□□佥宁嘉定沈公□□廼经度督学宪副□太□□□□□嗣□益□□事变□□□□乘之克复诸公奋□则□君功懋则□□□□□居多□曰誉□诸君子咸惟有□首发私币而同众则掌教徐君震太仓人分□林君铢候官□左君□□□德□□林□君去左君尤□□□靖濯□实不□锱铢左右漳浦□□□□以□意复图兹□俾诸□□□□□则□□□海乔君□□克厥成分诰文量生员□□契等亦不无肋不鄙无□受执兹□使后之人则而作之兴毋或废公毋或私则□□于员□□丑进士历官主事御史今闲住□□□铣为□记

嘉靖二十□□丑冬十一□□旦东莞县儒学教谕匡□　□道左奉裕（缺）

41 ★东莞盂山公园诗碑(残)

此残碑在东莞人民公园（原名盂山公园，1925年改名为中山公园，解放后又更名为人民公园）内发现，立石年代不详。

残碑通高31厘米，宽72厘米，厚4厘米，碑文行楷。碑残缺严重，尚可见有“风篁馆煮茗”、“禅心院缙经”、“诗专阁联吟”、“小山阴访旧”、“半山亭坐啸”等诗题。

碑文：

风篁馆煮茗

筛筛凉翠霭晴天，瑶馆幽森境□□
午梦初回鹤避烟，最是弹琴□□□

禅心院缙经

松龛聊伴老头陀，默证禅心□□□
祕演三乘问释迦，笑我谈空□□□

风满楼凭眺

谈笑风生四座清，山楼景□□□□
叶家金石浪传名，登临何□□□□

诗专阁联吟

梨川佳话艳东洲，高阁裁□□□□
分擘云笺洽唱酬，风雅□□□□□

小山阴访旧

钵盂山下小山阴，同□□□□□□
春洞桃花避世深，我□□□□□□

风篁馆煮茗

�篔簹馆里篆烟青，骚□□□□□□
花落风飐瓣满庭，仙□□□□□□

半山亭坐啸

半山亭啸一□□，□□□□□□□
籁寂□□□□□，□□□□□□□

□衲伏亂四山□翠
煙谿酣昨閒聽松那裊
風篁館煮茗
歸〻涼翠靄晴天瑤館幽森境
午夢初回鶴避烟最是彈琴
禪心院繙經
松龕聊作老頭陀默證禪心
秘演三乘問釋迦笑我談空
風滿樓憑眺
談笑風生四座清山處景
葉家金石浪傳名登臨何
詩專閣聯吟
梨川佳話豔東洲高閣裁
分箋雲箋洽唱酬風雅寄
小山陰訪盡

42

★卢祥墓志（残）

约明成化年间立石。

碑残，残碑通高97厘米，宽65厘米，厚3厘米。碑文楷书，残余17行，行31字不等，字径1.5厘米，字迹清晰。

碑文

（缺）岂不得哉？卒为辩释之，复劾铨臣项文曜诸奸利状，奸党咸（缺）竟以诬谪蒲州判官，怡然就任，无几微见于颜色。逾年而吏畏（缺）家为念。北虏也先屡犯边，遣使人邀（缺）不报。天顺戊寅，升南京太仆寺少卿，以留□政以驰非先生莫克其（缺）所司格于势，卒莫与辩。民知先生可恃，相率诣（缺）胡虏敢与战斗，若选作□□，练习调用，必能奋力，各护其家，有不待驱使者。下（缺）自此始。虏益夺气引却。寻以三载报满，授阶中宪大夫，加赠其父母。时议当进秩（缺）骸骨得请而归，行李萧然。杜门自适，足迹未尝至公府。严约束弟侄家人，无得以（缺）八月初九日，享年六十六。配董氏，累（缺）伟仪，吐音如洪钟，□学富才识，天文、地志、兵、刑、数、医、卜之学靡不精究，尤以气节（缺）姑苏韩公雍、大宗伯昌黎张公文质臭味相投，皆一时之杰也。先生经学既以《春秋》（缺）余以真不愧安成公衣钵也。尝总修邑志，有《同门》、《行素》二集。子六人，士勤、士慎、士廉（缺）其后代有闻人，邑中推卢氏为鼎族，先生之遗泽远矣！铭曰：先生论事，似汲长孺，勤（缺）若夫金戍之勋坐困□人。前议者皆俯首咋舌。先生功虽高而沮于中制，若微有所（缺）此首丘之乐嗟，赞人者无乃不度，虽位逊宰执，寿谢期颐，以为爵不配望，年不雠德，孰（缺）终期颐而湮没牖下者，又何落落林坑翼翼比于祁连，其先生永夜之城郭邪（缺）□廷顿首拜撰。

编者注：此碑文字残缺严重，谨以残存部分碑文供研究者参考。

豈不得哉卒為□□之後功銓臣項文雅者奸利狀好黨同
□竟以誣謫□□官□□就任無幾□見於顏色踰年而更□
分為念北虜也先屢犯邊遣使入□
不報天順改元陞南京太僕寺少卿以留都為政□弛非先生莫克
荊國公後子某與韓氏知先生可恃相率詣
□胡虜叛與我何若□□□□□承答調用以能者力各發其家有不待驅使者下
自此始屬益奪氣引部尋復三載報滿授階中憲大夫加贈其父母時議當進秩
□骨得請而歸行李蕭然杜門自遺足跡未嘗至公府嚴約束弟姪家人無得以
十月初九日享年六十六配董氏累
□吐音如洪鍾博學富才識天文地志兵刑理數醫卜之學靡不精究尤以氣節
為蘇韓公雍大宗伯呂琢張公文質臭味相投皆一時之傑也先生經學既以春秋
為人真不愧安成公衣鉢也嘗總修邑志有同門行素二集子六人士勤士慎士廉
其後代有聞人邑中推盧氏為望族先生之遺澤遠矣銘曰先生論事似汲長孺勤
開若夫金成之數生困竟人前議者皆俯首咋舌先生功雖高而沮于中制若徵有所
此有丘之樂嗟譜人者無乃不度雖位遜宰執壽謝期頤以為爵不酬望年不讎德孰
紀期頤而湮沒牖下者又何洛谷林垸纍纍比于祁連其先生永夜之城郭邪
向廷頓首拜撰

43

讷庵处士何公(本)墓志铭

立石年代不详。

灰岩，碑残。残碑通高68厘米，宽48厘米，厚6厘米。碑额篆书阴刻“讷庵处士何公墓志铭”9字。碑文楷书，字径1.3厘米。大部分文字漫漶不清。

碑文：

讷庵处士何公墓志铭

乡贡进士同邑黄（缺）乡贡进士（缺）崇仁县儒（缺）

公讳本，字有源，□何氏。其先南雄人，宋崇宁□（缺）遂为东莞人。□□□大父武傅凡六世咸□科□（缺）为乡邑□□□□氏。公九岁而粱氏□虽□重（缺）辍餐人皆□□□□□。长即知读书事□及□□□孝闻，父母既殁（缺）□无懈怠意。与弟有容自幼至老□□之□□□少闻有一□味□（缺）尤尽□爱。有族子□□于后母，公收养教诲□□子，且为之娶以□（缺）白金百余两为凶徒□□，急过公□，遂解金踯地而去。公为收（缺）德色，性淳厚，不喜华□，□□俭素，处己待人，必诚必信，不为□语，文字（缺）彻其辩□情伪，长短虑事，后当成败，如烛照龟卜，一无□失（缺）诸子潜珍等曰：讷者，迟钝之谓也。申商之功业，苏张□辩口，彼（缺）知迟钝足以全□于永□□闻有□行可为师法□□以道□□□遣（缺）其□□利则□然无所趋好。邑令□□□□□□□威仪□交接□岁□□乡饮礼遇有加。

公生于元壬辰岁十一月十三日，大明□□□子四月一日以疾卒，享年六十有九。配袁氏，茶园人，有贤行，子男二，潜珍□□□□□□□□能文章。孙男四，尚质、尚□、尚智、尚纲；孙女五。是年十二月十五日葬（缺）丙向之原，潜珍□□□□勉（缺）以书□□曰潜珍兄弟素□知于先生（缺）墓虽葬犹□葬□（缺）之铭曰（缺）

大（缺）十八年庚子十二月十五（缺）孙尚质、尚□、尚智、尚纲立石。

44

讷庵处士何公(本)墓表

约明永乐后期立石。陈琏撰文。

碑高71厘米，宽51.3厘米，厚10.5厘米。正文题名为“讷庵处士何公墓表”。碑文楷书，25行，行44字不等。原碑风化严重，文字多漫漶不清。陈琏《琴轩集》（卷29页1802-1806）有著录，碑文中凡磨灭难辨之字均据此补全。

碑文：

讷庵处士何公墓表

公讳本，字有源，姓何氏，号讷庵。其先世南雄人，宋崇宁中，讳宏者由四会令摄东莞，卒于官。子孙因占籍焉。传三世号东野者，登庆元六年进士第，官至南恩州司户参军，秩迪功郎。六子咸登科第，是后代有显者。高祖志大，景定五年漕举，为临川丞；曾祖文季，以孝友称；大父武傅，以好善闻；考讳振，字成鼎，硕德奥学，为乡邑所尊。母梁氏，有贤行。处士九岁遭母丧，哀毁如成人。丁时抢攘，随父避兵外乡。尝遇食，思及母，辄辍餐饮泣，哀不自胜。或问其故，具以对，咸啧啧异之。洪武戊申，国朝平定岭海，始复故居，即知读书治生，尤谨于孝养。后遭父丧，哀毁骨立，葬祭之仪咸克如礼。服继母之丧亦然。每遭亲讳，晨则遑遑然，哀慕弗已。岁时祀先，必诚必谨，宗族子弟翕然化之。与弟有容同居，友于之情，至老弥笃。有族子见嫉于后母，被逐于外，伶仃顿踣，依依然无依。即取归，诲育犹己子，复为之娶，家赖弗坠。有封姓者，腰白金二百两至城，为凶徒追索，惧，奔处士家，急解金掷地，气勃勃未及语其故，即奔去。处士为收之。翌日，封来谒，悉以原金付之。封谢曰：“非公仁厚，是金非吾有也。”即慰遣之，略无德色。处士为人谨厚，甘淡泊，不事华靡，待人一以至诚，人不忍欺之。或有为非义事，惟恐其知。平居言若不出口，及临事剖析，咸中肯綮，人咸服焉。一日，语诸子潜珍、潜渊曰：“若等知吾名庵之义乎？怕见世之夸智炫术、喋喋利口者，适足以戕厥身而已。今吾克守先业，沐浴圣化，讷之力也。若等当谨之慎之。”又曰：“吾家自司户公以来，世以科第文学显，若等可不以学为务乎？”遂遣仲子从师羊城，学既有得，即为之喜。晚年杜门不出，惟以书史自娱，视世利泊如也。既而患疮疾，弗能起，亲朋来视，无异乎平时。当属纩，惟语潜珍等奉先修墓为事，一不及家务，翛然而逝。实永乐十八年庚子夏四月一日也，享年六十有九。娶梁氏孺人，克相其家。子男二，潜珍、潜渊；孙男四，尚质、尚愸、尚智、尚纲；女孙四。以是年之冬十二月二十五日葬黄村塘贝岭之原丙向。潜珍兄弟痛惟处士潜德弗昭于时，因状厥实，属从弟景恕谒余文表于墓。

於戏！孰有为善而不报者乎？奈何世人闯闯于目前之效也？何氏世以科第文学相承，克迈种德。处士素习庭训，握瑜怀瑾，含章弗耀，惟以诗书道义，淑厥后人，复积善以覆帱之。今二子俱贤而才，克世其家，不尚有天道哉？余与处士同乡邑，相知颇详，义不可辞，故为序其大节，揭诸墓前，为其后人，可不知所自而思所勉耶？

45 张家玉《怀内》扇面石刻

张家玉撰文。此扇面真迹，原为可园主人张敬修所藏，道光间（1821–1850）篁村张璐摹勒上石，镶嵌于张氏大宗祠壁。张氏大宗祠在今博厦桥隔马路对面西侧，20世纪50年代改为博厦小学。约1957年博厦小学修整校舍，将此石刻送东莞市博物馆保藏，至今仍藏于东莞市博物馆。

此碑刻为青石质，高33厘米，宽54厘米，厚4.8厘米。刻张家玉草书扇面《怀内》七绝两首，16行，满行6字，字迹清晰。

碑文：

闺中昨日起离愁，杨柳青青送客舟。
今夕凄凉又何处？半帆烟雨楚江秋。

连江风雨雁争飞，目断南天泪满衣。
少妇夜深休闭阁，征人多向梦中归。

《怀内》二首，似
美中社兄政之弟张家玉
昆侄孙璐谨摹勒石

46

宋梅外处士（李春叟）传

约明成化五年（1469）至弘治元年（1488）间立石。董钺撰文。

碑通高58厘米，宽42厘米，厚5厘米。碑额篆书阴刻“宋梅外处士传”6字。碑文楷书，23行，行41字不等，字径1厘米，除个别字外字迹清晰。

按：此碑虽无纪年，但碑文开头刻有“赐进士及第翰林院编修宁都董钺撰”。董钺其人，《宁都县志》、《中国名人大辞典》、《中国文学家大辞典》均有记载。据江西《宁都县志》记载“董钺（《县志》误为“越”），宁都田头王坊人，明成化五年（1469）探花及第，授翰林院编修。弘治元年（1486）出使朝鲜。”因此可以断定此碑立于成化五年至弘治元年之间。

碑文：

宋梅外处士传

赐进士及第翰林院编修宁都董钺撰

处士姓李讳春叟，字子先，□南渡时人。其先有阶朝议者，自南雄来居东莞，至处士凡数世，皆能以诗礼为家。处士已被荐至有官。其称处士者，以赐号也。父讳用，字叔大，号竹隐，穆陵时，以理学闻。尝注《论语解》，吏部侍郎李昴英以进于朝。召授校书，迁承务郎，皆不就。绣衣道山周梅叟以状闻，被御书“竹隐精舍”之赐。咸淳中，宪使刘叔子请祠于学宫。所生三子，处士其长，幼颖悟，经书过目辄不忘。既长，得家学，源流□正，遂通《春秋》，三领乡荐。初试惠州司户，有治状。提刑杨允恭奏，迁肇庆司理。郡有冤狱久不决，□□□□之。寻调德庆教授，时银场盐局之弊大厉民，上书郭察院，言甚切。郭为条奏，悉罢之，民以为快。谢□□□，著《咏归集》以阐先志。割田以供祭祀，以礼义联属其族人，端居杜门，掩耳世事，非执经问难，罕得□□□会。复有以其名荐闻，征为军器大监朝奉郎，恳辞不就，处士之赐实在此时。德祐初，有诏勤王，信国文天祥时守赣州，移檄诸路。邑人熊飞起兵以应，处士作诗以劝其行。无何，飞以兵溃，保众来归，怒邑人窃□□附，欲搜捕尽戮之。处士泣谏，乃止。时盗群乘机剽掠，亦以处士故，不入其乡。岁戊寅，元帅张弘范、吕师夔，以水陆兵进逼广州，信国时以被执。处士赠以诗，有“天道不然人奈何”之句，忠愤激烈，读之使人痛□。□兵势既日张，祸将逼邑，众皆仓皇，莫知所为。处士毅然请往，时与偕者惟张元吉一人。至则陈以兴□□义，□赖以全。二帅欲署为宰，力辞不受，乃以元吉应，炎焰不□。益无仕进意，竟以遗氓终身。邑人尚□□于竹隐祠以祀。今东莞之李有绵书香捷科第曰某曰某者，皆其后云。

赞曰：予读《纲目》，至宋嘉元四年，书曰：“晋征士陶潜卒。”未尝不因是而窃叹靖节之贤，何其独高于晋□□人物也？夫五斗之禄，待士之常而不屈督邮，已及辞去，而乃耻屈身，后代竟至于终。盖其高致虽常□□于委运忘言而击节。饿夫实其素志，而书卒而系于晋宋，宜也。宋有天下三百余年，以忠厚待士，故当□□世非徒托孤寄命，凛然大节，可与日月争光。而山林草泽，乐志违荣，亦往往有终身不夺之志，若梅□处士是已。方其偕计有官，遇事不避，固足以见其志之高矣。比赐号而归，犹不□于忘□门墙膏馥□溉，当时慷慨声诗，感激忠义，及事去运移，而其节不可夺，迹其心，殆与饿夫、征士一致，同□□□□□□□书宋遗氓者，然则生而有闻，殁而社祭，天岂□□？

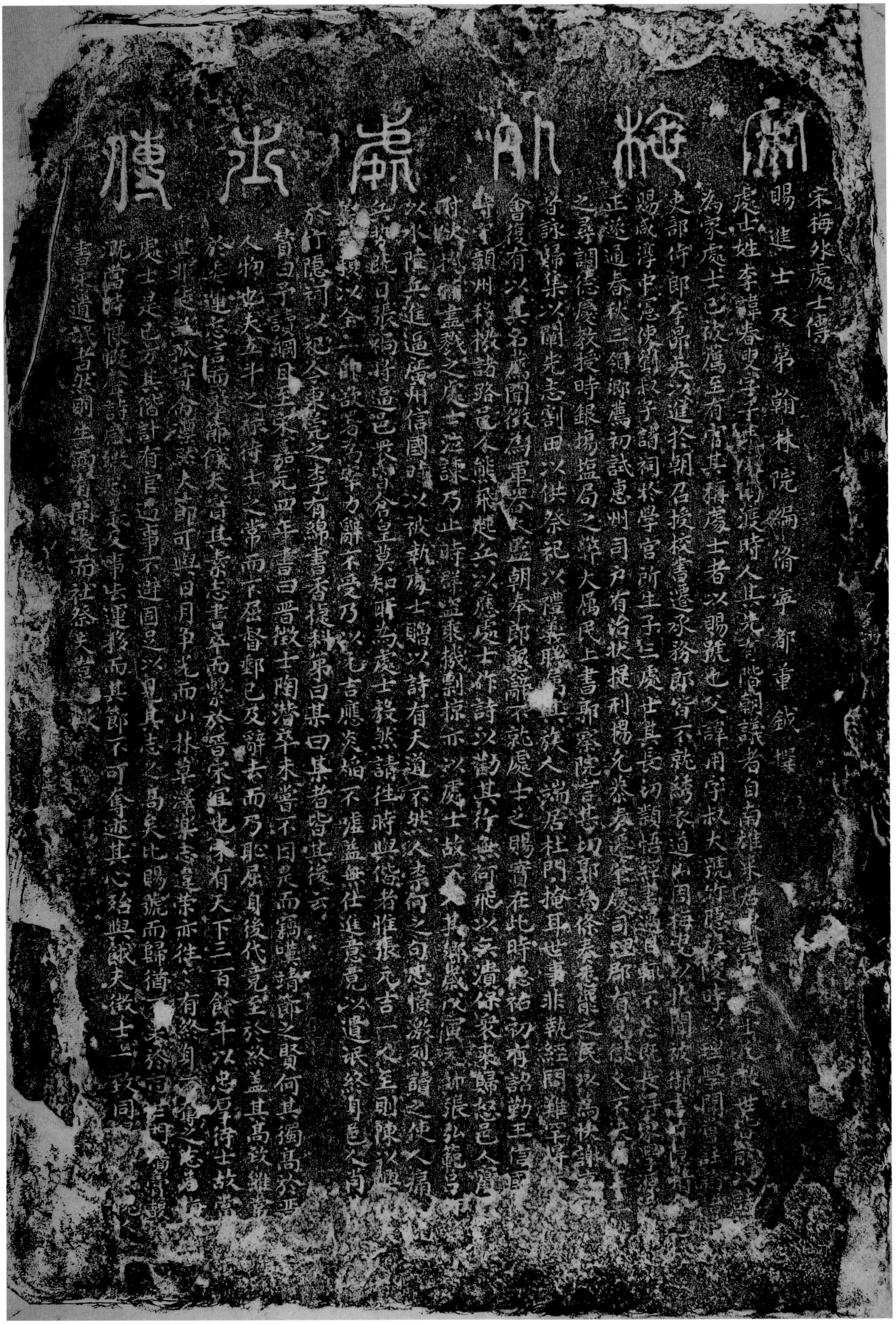

宋梅外處士傳

賜進士及第翰林院編修寧都董[illegible]撰

處士姓李諱春叟字子[illegible]渡時人其先[illegible]階朝議者自南雄[illegible]

為家處士已放鷹至有[illegible]其稱處士者以賜號也父諱用字叔大號竹隱[illegible]

吏部侍郎李昴英以進於朝召授校書遷承務郎皆不就[illegible]

賜咸淳中憲使劉叔子請祠於學宮所生子三處士其長也[illegible]潁悟[illegible]

正遂通春秋三領鄉薦初試惠州司户有治狀提刑楊允恭奏遷[illegible]司理郎有[illegible]

之尋調德慶教授時銀場塩局之弊大為民患上書部察院言甚切郭為條奏[illegible]之民[illegible]

皆詠歸集以闡先志割田以供祭祀以禮義聯宗族人端居杜門掩耳世事非執經問難者[illegible]

會復有以其名[illegible]聞徵為軍器[illegible]丞朝奉郎懇辭不就處士之賜實在此時德祐初有詔勤王信國

公[illegible]贛州移檄諸路處士不能飛趨赴以應處士作詩以勸其行無何飛以兵潰保泉乘歸怨邑人[illegible]

附[illegible]盡戮之處士[illegible]諫乃止時群盜乘機剽掠亦以處士故不入其鄉[illegible]

以水陸兵進逼廣州信國時以被執處士贈以詩有天道不然人奈何之句忠憤激烈讀之使人[illegible]

公[illegible]日張弘範將逼邑眾[illegible]倉皇莫知所為處士毅然請往時與偕者惟張元吉一人至則陳以[illegible]

[illegible]以全[illegible]力辭不受乃以[illegible]吉應炎[illegible]蓋無仕進意竟以遺逸終身邑人[illegible]

於竹隱祠以祀今東[illegible]之李有綿書香提科第曰某曰某者皆其後云

贊曰予讀綱目至宋[illegible]元四年書曰晉徵士陶潛卒未嘗不[illegible]而竊嘆靖節之賢何其獨高於晉

人物也夫五斗之[illegible]待士之常而不屈督郵已及辭去而乃恥屈身後代竟至於終蓋其高致難[illegible]

於[illegible]進[illegible]言[illegible]節[illegible]其志書卒而繫於晉宋宜也[illegible]有天下三百餘年以忠厚待士故當[illegible]

世[illegible]孤寄命[illegible]大節可與日月爭光而山林草澤之志亦往往有終身[illegible]之志者[illegible]

處士是已考其[illegible]有官[illegible]事不避固足以見其志之高矣比賜號而歸猶[illegible]

[illegible]當時[illegible]詩[illegible]其事去運移而其節不可奪述其心殆與徵士一致同[illegible]

書宋遺[illegible]皆[illegible]明[illegible]而有關[illegible]而社祭[illegible]

47

★奉天勅命碑（残）

因碑左侧缺损，且文字多磨灭难辨，故立石年代不详。

青石质，圆首。碑残，通高141厘米，宽73厘米，厚9厘米。碑额篆书阴刻“奉天敕命”4字。碑文仿宋体，残存15行，行24字不等，字径2.5厘米。大部分文字漫漶不清。

碑文：

奉天勅命

奉天承运，皇帝制曰：朕以祀典告成，覃恩宇内，□仕□朝□，咸得推锡其所□□□□也。尔□□乃刑科给事中，□□文□父孝友之行，孚于乡□□□所□□□厥于遂自高科跻位华显以克成乎先志宠□□□光耀泉□□□报善不□在此哉，兹特赠尔为刑科给事中□克钦承，以昭不朽。

制曰：□□□母是□严君追□□典与父并焉礼也。尔谢氏乃刑科□□□□□□□□□母，馈克主中，恩能逮下，有子成名，式昭先□□□赠尔□□□□□有□报兹休宠。

制曰：□□□□母□□□也□□与朕奚容吝焉。尔周氏乃刑科给事中□□文之生母□□□则□□厥家笃生贤子为国近臣斯尔□□训□□□兹特赠尔为□人，歆此□光□□□□。

奉天敕命

48

明故中宪大夫山东按察司副使樾桥钱公（仝）暨配宜人陈氏合葬墓表

明代立石。尹瑾撰文，钱大猷书丹并篆额。

板岩，圆首，四周饰以花纹。碑通体高128厘米，宽74厘米，厚9厘米。碑额篆书阴刻“明故中宪大夫山东按察司副使樾桥钱公暨配宜人陈氏合葬墓表”27字。碑文楷书，22行，满行46字，抬头高1字，字径1.5厘米，字迹清晰。

碑文：

明故中宪大夫山东按察司副使樾桥
钱公暨配宜人陈氏合葬墓表

钱宪副公讳仝，字公甫。樾桥，其别号也。其先钱塘人，吴越王之裔。历传至讳酥者，始寓惠州。居四世，讳规者迁东莞之梅塘，后迁邑之和阳街，后又迁板桥，因家焉。粤有钱氏实始酥，而东莞之钱又自规始也。规子绍，封朝请郎；绍子益，登淳祐进士、官静江路判；益长子寿卿，登咸淳南铨进士，官四会县尉。次梦骥，登咸淳进士，官阳江县尉。桥梓济美，皆以贤能显，官绩卓伟。益贤声尤茂，崇祀乡贤祠，公之七世祖也。曾祖讳定，齿德尊，恩例寿官、乡饮正宾。祖永祥，以公伯铎贵，封户部郎中，家法端慎，不以子贵骄人。叔祖讳逊，无子。父讳镒，承继为逊后。以公贵，赠南京户部郎中。母李氏封宜人。

公少负奇气，标格隽拔，倜傥有大志，不染尘世俗虑。读书能妙悟，不事记诵，发为文章，皆天性融液，悉中矩薙，领嘉靖乙酉乡荐，时年二十六。丙戌连第，登龚用卿榜进士。初试南京行人司左司副，清慎澹如也。升南京户部湖广司署员外郎，转本部云南司署郎中。秩满考绩，进阶奉政大夫，实授郎中。釐革京仓输纳夙弊，剔奸除蠹，仓场肃清。寻升江西九江守，郡故濒江多盗患，公堤备戒严，保障一方。有巡缉官兵以失盗虑罪，妄陷平民于囹圄者百数十人，欲邀功赏以脱己罪。公廉知其冤，辩释之。无辜者赖以存活。九江当水陆孔道，冲且繁。公才谞善钊划，即政务百出，事皆迎刃解。有以资得官者，横梗武断，合郡侧目，□隐忍袖手，置勿问。公执治之，正法不贷，民害息，善类颙颙然相安，仁爱洽境宇，民不忍欺。部院使者交荐剡，贤声冠江右。江右人无论贵贱，咸称九江贤。三载，升山东按察司副使，东土风气劲，响马盗辄窃发。公饬旅缉捕，暴客望风遁，中外倚赖。无何，勇退，长林丰草中，日与耆英会，赋诗自适，超脱尘世，表正乡闾。终于嘉靖乙巳五月初十日，距生弘治庚申十月十六日，年止四十有六，葬于石井土塘岭庚酉向之原。子一应房，病痫。公虑后事无所托，以从孙擢预养为应房嗣，擢甫六岁。后应房病少差，生二子，长扬，既冠而卒；次拯，事举子业，遵祖命与擢均分产业。其家业不替，亦擢经理之功居多。

公淑配陈氏，封宜人，邑之凰涌人也，克慎妇道，善事舅姑。公未第时，日以勤业为公劝。及居显荣，荆布自若，处之澹然，曾无所加。宜人生于弘治癸亥十月初十日，终于隆庆辛未二月初二日，享年六十有九。就年权厝于石井榕树山，至万历壬午十一月十八日迁回土塘岭，与公同窆。公侧室徐氏，扬州人，当公捐馆时年仅二十四岁，守节不他适，保遗孤成人。督学张公希举，采而旌之，直指使王公绍元特嘉其节，而匾其门，人皆称公刑于之化云。女三，长适钟少参次子庠生恕，次适陈侍郎孙讽，次适刘太史孙世纪。

邑先达光禄卿钟公已铭公之墓矣，拯持公行状，欲瑾为墓表。夫公承诗书世业，以文章掇科第，而以政事树立勋烈，流泽在人心。处林泉，风化闾里，燕翼贻谋，后裔绳武，夫何忝所生？瑾用表而出之，以备史传采录耳。

赐进士第承德郎侍经筵官吏科都给事中邑人尹瑾撰，族弟大猷篆额并书。

明故中憲大夫山東按察司副使樾橋錢公暨配宜人陳氏合葬墓表

明故中憲大夫山東按察使司副使樾橋錢公暨配宜人陳氏合葬墓表

錢憲副公諱全字公甫樾橋其別號也其先錢塘人吳越王之裔歷傳至諱猷者始寓惠州居四世諱覢者遷東莞之塘頭後遷邑之和陽街後又遷板橋因家焉粵有錢氏實始猷而東莞之錢又自覢始覢子紹封朝請郎紹子益登淳祐進士官靜江路判益長子壽卿登咸淳進士官陽江縣尉橋梓濟美皆以賢能顯官蹟卓偉益賢聲尤茂崇祀鄉賢祠公之七世祖也曾祖諱定以德尊恩例壽官鄉飲正賓祖永祥以公伯鐸貴封戶部郎中家法端慎不以子貴驕人叔祖諱遜無子父諱鎰承繼為遜後以公貴贈南京戶部郎中母李氏封宜人公少倜儻有大志不染塵俗屢讀書能妙悟不事記誦發為文章皆天性然悉中矩矱領嘉靖乙酉鄉薦時年二十六丙戌連第登龔用卿榜進士初試南京行人司左司副清慎澹如也陞南京戶部湖廣司署員外郎轉本部雲南司署郎中秩滿考績進階奉政大夫實授郎中蒞章京倉斂納夙弊剔奸除蠹倉場肅清尋陞江西九江守郡故濱江多盜患公悉備戒嚴保障一方有巡緝官兵以失盜慮罪妄陷平民于囹圄者百數十人歡邀功賞以脫己罪公廉知其冤辯釋之無辜者賴以存活九江當水陸孔道衝且繁公才贍善剸劇郡政務百出事皆迎刃解有以貴得官者橫梗武斷閭郡側目其隱忍袖手置勿問公執治之正法不貸民害息善類翕顯然相安仁愛洽境宇民不忍欺部院使者交薦則賢聲冠江右右人無論貴賤咸稱九江賢二載陞山東按察司副使東土風氣勁響馬盜輒竊發公飭旅緝捕暴客望風遁中外倚賴無何勇退長林豐草中日與耆英會賦詩自適超脫塵世表正鄉閭終於嘉靖乙巳五月初十日距生弘治庚申九月十六日年止四十有六葬于石井土塘嶺庚酉向之原子一應房病痼公慮後事無所託以從孫擢預養為應房嗣擢甫六歲後應房病少差生二子長搗既冠而卒次掞事舉子業遵祖命與擢均分產業其家業不替亦擢經理之功居多公沒配陳氏封宜人邑之鳳涌人也克慎婦道善事舅姑公未第時日以勤業為公勸及居顯榮荊布自若處之澹然曾無所加宜人生於弘治癸亥十月初十日終於隆慶辛未二月初二日享年六十有九就年權厝于石井榕樹山至萬曆壬午十一月十八日遷回土塘嶺與公同窆公側室徐氏揚州人當公捐館時年僅二十四歲守節不他適保遺孤成人督學孫公希舉採而旌之直指使王公紹元特嘉其節而扁其門人皆稱公刑于之化云女三長適鍾少參次子庠生恕次適陳侍郎孫諷次適劉太史孫世紀邑先達光祿鄉鍾公已銘公之墓矣擬持公行狀欲瑾為墓表夫公承詩書世業以文章掇科第而以政事樹立勳烈流澤在人處林泉風化閭里燕翼貽謀後裔繩武夫何忝所生瑾用表而出之以備史傳採錄耳

賜進士第承德郎侍

經筵官吏科都給事中邑人尹瑾撰

族弟大猷篆額并書

49

封刑科给事中松雪钟公(铎)墓表

约明正德年间立石。李东阳撰文，闵珪书丹，乔宇篆额。

灰岩，圆首。碑通高147厘米，宽97厘米，厚16厘米。碑额篆书阴刻“封刑科给事中松雪钟公墓表”12字。碑文楷书，22行，满行49字，抬头高1字，字径1.7厘米，除个别字外字迹清晰。〔民国〕《东莞县志》（卷92页19–20）有著录。

碑文：

明故封征仕郎刑科给事中钟君墓表

光禄大夫柱国少傅兼太子太傅户部尚书谨身殿大学士知制诰经筵国史官会典总裁长沙李东阳撰

光禄大夫柱国太子太保刑部尚书侍经筵吴兴闵珪书

中宪大夫太常寺少卿太原乔宇篆

岭海间多幽人逸士。顾僻在南服，去京师远甚，非有所凭藉。或老死岩穴，而名不达于朝。著若钟封君松雪翁者，非其子兵科都给事中渤之贤，人莫知之也。君卒，渤介其同官王工科文哲造予，请为文表墓，自述父德，哀咽不能详。文哲为毕其说，曰：封君讳铎，字文振，广东东莞人也。生而颖异，好学，学举子。方弱冠，州县荐以应试，其父不欲使去左右。君素孝谨，因叹曰：“仕以为亲。亲弗乐，将焉用仕？”遂弃，不复业。家居色养，外内无间言。比壮，以贫故出游江湖，过豫章，下金陵，遍于吴越之墟，挟所有为服贾计，铢累寸积，家日以益裕。已而归，曰：“吾非好游者也。”每读书为歌诗，多所自得，尤究心小学一书。人欲淑其子弟者，延置家塾，则欣然就之，诱导不倦。其教子尤肃，尝手抄经义数百篇授渤，曰：“吾志在此，今以畀汝矣。”渤既举进士，获以初命封君征仕郎刑部给事中。君益谦慎，自视与韦布无异，且戒其族姓曰：“鱼盐之利，小民所恃为命者，慎勿夺之。”邻邑有荒地数百亩，可渠而为田，君集众力图之。垂成，而争者至，君遂以让之。其人偿半值，君悉分于众，一无所取。至于恤孤拯难，恒汲汲若弗及然。故乡人皆以长者称之。其崇尚礼义，不自矜溢如此。然犹有世德焉。君考讳玘，号横溪，素履恬靖，年七十未尝至公府。祖讳定安，号守呆先生，始迁横塘，尝分田赡族，煮茗以饮行者。大父讳立成，侨居良平，时已以善闻。其庆泽所由来远矣！退次第其言，为状以致予，予怃然叹曰：乡之评，自古有之。盖耳目所逮，毫发不容遁。然孔子论好恶，于乡人之善不善，固有所择，苟其所不合，虽不为所好无损也。文哲为谏官，方以论议荣辱天下，非阿所好者，矧其指事核实，凿凿可据，信哉！渤以家学成父志，器识宏伟，恪勤职业，将大为显扬地，比之蛊干，其道有光焉。则君固藉是以传，矧其乡之显且贤如文哲者哉？

君年七十三，生宣德癸丑三月二十四日，其卒以弘治乙丑四月二十日。渤以左给事中奉使南服，将取道归省。及途而讣至，既复命于朝，以终制告卜。正德丁卯正月初八日，葬君于堂园山寅向之原。君配陈氏，有淑德，封孺人。子四：长濂；其次，渤也；次渭，次沂，县学生。女二，长适郑允让；次适胡滨，先卒。孙十，曾孙三。渤之举礼部也，予实校其文，故为之表君，俾世世有闻焉。

编者注：碑文中凡磨灭难辨之字均据〔民国〕《东莞县志》补全。

封刑科給事中松雪鍾公墓志

明故封徵仕郎刑科給事中鍾君墓表

光祿大夫柱國少傅兼　太子太傅戶部尚書

謹身殿大學士知　制誥　經筵　國史官會典總裁長沙李東陽撰

光祿大夫柱國太子太保刑部尚書侍　經筵吳興閔珪書

中憲大夫太常寺少卿太原喬宇篆

嶺海間多幽人逸士頗僻在南服去京師遠雖有所懸稽或老死巖穴名不達于朝著若鍾封君松雪翁者非其子兵科都

給事中渤之賢人莫之知也君卒渤[illegible]同官[illegible]工科文哲造予請為之表墓自述父德哀咽不能詳文哲為[illegible]其說曰封君

諱錚字文振廣東東莞人也生而穎異好學業舉子業方弱冠州縣為以應試其父不欲使去左右君嘗謹因歎曰仕以為親

親弗樂將焉用仕遂棄不復業家居色養外無間言比壯以貧故出遊江湖過豫章下金陵備于[illegible]之墟拔所有為貫服

計銖累寸積家日以益裕已而歎曰吾非好貨也每讀書為歌詩多所自得尤究心小學[illegible]教其子弟者延置家塾

則欣然就之誘導不倦其教子尤嚴抄經義數百篇授渤曰吾志在此今以畀汝矣渤既舉進士獲以

初命封君徵仕郎刑科給事中君益謙慎自視與韋布無異且戒其族姓曰魚鹽之利小民所恃為命者慎勿奪之鄰邑有荒地

數百畝可渠而田君集眾力圖之垂成而爭者至君遜以讓之其人憤平直君悉分予眾一無所取至于鄉孤控難恒汲汲

若弗及然故鄉人皆以長者稱之其崇尚禮義不自矜溢如此然[illegible]世德為君考諱玘號橫溪素履恬靖年七十未嘗至公

府祖諱定安號守呆先生始遷橫塘嘗分田贍族裒若以飲行者大父諱立成僑居良平時已以善聞其慶澤所貽來遠矣退

次第其言為狀以致予予憮然歎曰鄉之評自古有之蓋耳目所逮毫髮不容遁然孔子論好惡於鄉人之善不善固有所擇

尚其所不合雖不為所好無損也文哲為諫官方以論議崇尊為下非阿所好者矧其指事核實鑿鑿可據信哉渤以家學成

父志器識閎偉恪勤職業將大為揚顯地比之蠱幹其道有光焉則君固籍是以傳矧其鄉之顯且賢如文哲者哉君年七十

三生宣德癸丑三月二十四日其卒以弘治乙丑四月二十日渤以左給事中奉使南服將取道歸省及途而訃至既復

命于朝以終制告卜正德丁卯正月初八日葬君于堂園山寅向之原君配陳氏有淑德封孺人子四長灝其次渤也次渭次沂

縣學生女二長適鄭允讓次適胡濱先卒孫十曾孫三渤之舉禮部也予實校其文故為之表君俾世世有聞焉

故通议大夫都察院左副都御史罗公（亨信）圹志铭

袁衷撰文并书篆。

碑残，碑通高70厘米，宽52厘米，厚6.5厘米，碑额篆书阴刻“故通议大夫都察院左副都御史罗公圹志铭”18字。碑文行楷，50行，行40字，字径1.3厘米。《四库全书•明名臣琬琰续录》有著录。

按：1988年4月，因工程建设需要，广东省博物馆与东莞市博物馆联合清理了罗亨信家族墓。除出土一批珍贵文物外，还出土了两方墓志铭，即罗亨信墓圹志铭、罗亨信父母合葬墓圹志铭。详情可参见《广东东莞明罗亨信家族墓清理简报》（《文物》1991年第11期）。

碑文：

故通议大夫都察院左副都御史罗公圹志铭

中宪大夫广西梧州府知府同邑袁衷撰文书篆

通议大夫都察院左副都御史罗公既致仕之八年，寿八十有一岁，以天顺元年丁丑十月廿五日考终于家。讣闻远迩，莫不哀悼。上念公为国大臣，尝有功于边境，命礼部遣官致祭，工部营治葬事，其冢子泰以墓圹之石未有刻辞，遂具行实，属笔于衷，叙而铭之。

公讳亨信，字用实，其先南雄人，后徙东莞之英溪。代有闻人，祖德宽，父祖昌，俱不仕，而以公贵，皆累赠至右副都御史。公自幼颖敏，年十二丧其母，即能刻苦立志，读书守礼。年十七，选为邑庠生。永乐癸未，以葩经领乡荐，明年甲申登进士，改翰林庶吉士。是年五月，授工科给事中，命往浙江视水灾，奏免嘉兴、海盐、崇德三县粮税，以苏民困。丁继母冼氏忧，起复调吏科，升右给事中，坐累谪交趾。公素位而行，虽远在荒服，亦怡然自得，未尝有愁抑之叹，因自号安素。久之，用荐起拜监察御史。尝命往通州，察仓庾之弊。巡按真定等府，清军山西，所至有声。再丁继母何氏忧，命驰驿奔丧，即起服。大臣有言其堪任方面者，诏复旧任，食按察佥事俸。宣德乙卯，升右佥都御史，赐楮币，命往平凉、庄浪练兵，以备边塞，公殚心力，夙夜不懈。上念边境苦寒，降敕勉劳，赐文绮二。公益感奋。丙辰，与都督赵安率师巡边，赐红纻丝以行。戊午，丁外艰，夺情赐事，明年殄虏功成，升俸一级，赐纻丝四表里，白金四十两，始命驰驿归葬父，易钞千缗，毕事还京。奉敕巡抚大同宣府，并督屯种，给赡军饷，兴利除害，为久安计。公悉心国事，劳来措置，无不得宜，言听计行，信任惟允。戊辰冬十二月给正三品诰命，公进通议大夫、都察院右副都御史，祖与父皆如其官。祖母王氏、母黄氏、继母何氏、妻刘氏，俱赠淑人。公在边年久，谙于地利之宜，战守之法，转输之方，每建白，无不嘉纳。己巳秋九月，转左副都御史，赐白金二十两，纻丝二表里。是时公年逾七十，且有疾，上章致事，不俞，复承白金、文绮之赐。庚午秋七月，上察公实老病，得俾致仕，陛辞，赐红纻丝衣一袭。公还乡里，始营居室，建祠堂，治先垅。荣归越八年以寿终。

其生则洪武丁巳十月廿八日也。配刘氏有贤德，先公二十二年卒，初封孺人，进恭人，再赠淑人。外娶黄氏，公在交趾，居京师，持家勤俭，多黄氏之力。子男二，长即泰，次宾，皆读书，克承其家。女七人，陈谆、邵瑄、封礼、陈项、张与耕、翟谦、钟辕，其婿也。孙男二，珙、瓒，俱幼。泰等以天顺己卯十二月廿五日癸酉，奉公柩与刘淑人合葬于麻地岭祖茔之右乙向原也。

呜呼，公之俊德伟烈，朝廷任以腹心，用为耳目，忠诚体国，四十余年累承恩赐，晚岁归休，优游乡曲，寿考令终。其殁也，复蒙圣恩，赐以葬祭，若公者可谓生荣死哀，无憾也矣。

铭曰：德懋展也，位望显也。福全考终，世所尠也。兹卜诸幽，山盘土厚。固藏铭圹，永利而后。

编者注：碑文中缺字据《明名臣琬琰续录》（卷七）袁衷所撰《副都御史罗公圹志铭》补。

副都御史羅公壙誌銘
廣西梧州府知府同邑袁衷撰文書
左副都御史羅公既致仕之八年壽八十有一歲以天順元年丁丑十月廿五日考
莫不哀悼
有功于邊境命禮部遣官致祭工部營治葬事其冢子泰以墓壙之石未有刻辭遂
叙而銘之公諱亨信字用實其先南雄人後徙東莞之英溪代有聞人祖德寬父
貴皆累贈至右副都御史公自幼穎敏年十二喪其母即能刻苦立志讀書守禮
永樂癸未以能經領鄉薦明年甲申登進士改翰林庶吉士是年五月授工科給
嘉興海塩崇德三縣粮稅以甦民困丁繼母冼氏憂起復調吏科陞右給
行遂在京服亦怡然自得未嘗有愁抑之嘆國自歸安素久之用薦起
察僉運之弊巡按真定等府清軍山西所至有聲再丁繼母何氏憂命馳驛
任方面者詔役舊任僉按察僉事体宣德乙卯陞右僉都御史賜楮幣
公殫心力夙夜不懈
郎督趙安率師巡邊賜紅紵絲以行
白金四十兩命馳驛
為久安計公悉心國事勞來措置無一不得宜
以其官祖母王氏母黃氏繼母何氏妻劉氏俱贈淑
無不嘉納已巳秋九月轉左副都御史賜
致事不俞復承白金文綺之賜庚午秋七月
年逾七十
紵絲衣一襲公遂歸鄉里
也配劉氏有賢德先公二十二年辛
儉多黃氏之力子男二長即泰次賓皆讀書克承其家女七人陳諸
其婿也孫男二珙瓚俱幼泰等以天順己卯十二月廿五日癸酉奉
之石乙向原也嗚呼公之俊德偉烈
餘年累承恩賜脫歲歸休優游鄉曲壽考令終其殁也復蒙
矣銘曰
也茲卜譜幽山盤土厚固藏銘壙永利而後

51

★重修许公岩记

清代立石，具体时间不详。韩荣光撰文。

碑通高144.5厘米，宽72厘米，厚7厘米。碑额楷书阴刻“壬寅重修碑记”6字。碑文楷书，23行，行50字不等，字径1.5厘米。现碑裂成三块，文字多漫灭不清。

碑文：

壬寅重修碑记

壬寅仲秋，及门徐子朗垣买舟邀游许公岩。时落成，而工尤未竣也。返棹至龙潭下，狂风忽起，雨大至。岸皆石坡，舟不可舣，下碇中流。闻晚潮怒号，与风雨声相杂，终夜不能寐。朗垣因以重修之役属予记之。

莞有鼓镇峡，峡有龙、虎、狮、龟四山，岩踞狮山椒。春秋间，水潦陡发，洪波拍天，万马争驰，至此约如□带。岩前山交水汇，灵秀所钟。奇人杰士出其间，而高人逸士亦乐而隐其间。许公者，其流亚欤？邑乘逸其名，云尝有许公修行于此，其绛县之老人者，人抑谷城之黄石，皆不可得而知也。岩之厅事供大士像，不知始于何年，而祀许公于岩壁左偏小石龛中。又左为客堂，堂侧为亭，其下为僧寮，右为书屋为小楼。又右筑榭三楹，以为多士藏修之所。客堂、亭榭皆创为之，馀因其故费千余金，皆好善者所施。而醵金董役，则鳌峙乡徐氏有力焉。

岩势高，磐石蹬上，登高而望远。其西则文烈张公之故里，而其东则罗山何公之居在焉，其少南则熊将军衣冠之冢，而其北则大司马袁公自如之所发祥也。所谓清淑毓钟、奇杰间出者，非耶？今夷氛未靖，寇盗内讧。东南半壁厪朝廷宵旰忧，宝安号称多士，安知无如前。明诸君子抱道岩居者，为我语曰：时方多事。大丈夫未借前席，箸建功名，垂竹帛，无遽从赤松子托辟谷游也。知必起而应曰：“诺”。

余南旋后馆谷龙溪，杜门谢客，焚香默坐，文翰久疏。而兹岩为名流桑□之区、钓游之地，则是举也，或有从而兴起者，不仅为有举莫废，娱神人，侈游观已也。是为记。

诰授朝议大夫掌四川道监察御史加（缺）二级纪录五次韩荣光拜撰（缺）

编者注：后均为题银芳名，从略。原碑已裂成三块，兹参杨宝霖先生于碑未断时抄本所录。

年弘治庚申六月十六日年止四十有五卒于正寢
種預養為應事詞程寅六歲後應考有少恙生之子長偉
省亦程經理之功居多公法記使府判宜人之式清人
京判市自君慶之澹然曾無所加其人生於弘治癸亥十
程居于石井榕樹山至萬曆壬午十一月十八日寔同上
四歲守節不他適保遺孤成人皆望得以希舉採而旌之
云女三長適鍾少參次子庠生怨安次適陳侍郎孫試次適
何狀欲瑄為墓表夫公承詩書世業以文章擬科第而以
司編武夫何氏所生瑄用表而出之以備史傳採録焉
人尹瑄撰
家頷并書

专论

东莞市博物馆藏碑解读

谌小灵

窥斑而知豹，访碑而知史！摩挲碑刻，辨识碑文，从中可读出东莞曾经的沧桑与辉煌。

东莞古代碑刻内容之广，留存之多，非一般县市可比。虽经世事变迁，岁月剥蚀，乃至文革摧毁，其原物或文字之保存数量仍相当可观。碑刻已佚者，其文字部分录入邑志《金石略》；碑刻现存者，其实物部分藏于东莞市博物馆。

值东莞市博物馆辑录出版《东莞市博物馆藏碑刻》之际，在此漫谈一下本辑所收碑刻，权当对东莞市博物馆馆藏碑刻的点滴解读。

一　馆藏碑刻概况

1. 碑刻分类

细分东莞市博物馆馆藏碑刻，大致有如此几种：

墓志碑，古人墓葬之碑，种类不一，如墓志、墓表、圹志、神道碑等，在此统称之为墓志碑。从馆藏碑刻看，墓志碑占了大部分数量。本书所收墓志碑，共计30块。其中以宋李春叟、明罗亨信家族、祁顺及先祖、张家玉等碑刻最为重要，可作为东莞历史人物中名士、勋臣、贤宦、忠烈之代表，粗略描绘出一组莞邑历史人物之画像。

纪事碑，即记述事迹之碑。本书共收纪事碑14块，涉及县学（含孔庙、租田）5块，宗祠（含祭田）4块，寺庙2块，官署1块，关贸1块。则东莞古代崇儒重教之气，睦族祭祖之风，奉佛敬神之俗，维纲安民之行，利商却贿之举，从中可见一斑，勾勒出一幅全方位的明清莞邑之社会画卷。

诰命碑，古代官员或妻室、父母、祖父母等受朝廷封典，生者称为封，殁者称为赠。按制，五品以上为诰命，六品以下为敕命，在此统称为诰命碑。本书所收诰命碑有3块。因是固定范式的官样文字，虽其子孙或家族荣耀一时，但除有关“叙功”或“授阶”等历史资料外，一般价值不大。

功德碑，古代用以纪功或彰德，以示旌表，以利弘扬，以便追思。莞邑之功德碑留下极少，但值得反讽的是偏偏《日华忠魂纪念碑》留了下来，其强盗逻辑，伪善言辞，读来令人作呕。好在，它给后世留下了日军侵华的铁证，有一定史料价值。

告示碑，或倡议，或禁止，或公布，用以布告与宣示，皆可称为告示碑。本书所收只有《东莞县政府公告》一块，为民事纠纷判决处理公告，对民国东莞司法研究有一定的文献价值。

艺文碑，将古人或时人诗文作品镌之于碑，以志流传。本书所收有东莞盂山公园（即今人民公园）残诗碑及张家玉《怀内》扇面石刻两块，公园残诗碑可说明东莞的风光秀丽与人物风雅，而《怀内》扇面碑则可知张家玉剑胆琴心与侠骨柔情。

2. 时间跨度

东莞现存碑刻，上自北宋，下迄民国，前后跨度近千年。从数量分布上看，则明清两代较多，宋元以前及民国以后较少。

究其因，宋元以前东莞蛮荒渐开，文运初兴，加之岁月既久，存留不易，所以碑刻存留较少。进入明代则文化昌盛，经济富庶，人才鼎盛，功业卓著，且碑刻之风长盛不衰，存留数量较多。清代为明代之延续，各个领域皆有不俗表现，故碑刻数量仍旧可观。而民国时期西风东渐，勒碑立石之俗渐趋式微，加之战乱与政治因素，留存较少。

东莞市博物馆现藏南汉石经幢一件，宋梁文奎及妻花氏敕命碑一座，其中石经幢即镇象塔，属石刻物件，非文字碑刻。

有明一代，东莞经济富庶，教育兴隆，人物繁盛，远胜前代。反映在碑刻及〔民国〕《东莞县志·金石略》所录碑文上，则数量之多，内容之丰富，亦较以往为最，且多为名人撰书。碑刻涉及人物，则有罗亨信、祁顺、卢祥、钟渤、张家玉等；涉及事迹，则有修建县学、孔庙、祠堂、寺庙，以及却金之举。明代碑刻中亦有少量记前朝人物，如宋李春叟、宋祁定、元何本等，这为后世保存并传承宋元时期重要的文史信息。

清代承继明代，其风其俗，绵延不绝，但整体较明代稍有逊色。

而民国时期乃碑刻文化之绝响，两块存碑一则司法，一则军事，民间碑刻似有淡出。

二　馆藏碑刻的历史文化信息

遍读东莞市博物馆藏碑刻，可挖掘重要的历史文化信息，如果再求之于先贤著作，佐之于民间谱谍，证之于官方史志，则相关经济的、文化的、人物的古代东莞就跃然纸上，呈现眼前。以下就从最为突出的明代为例，分三点加以简述：

1．明代东莞乡邦富庶，口岸发达，商贸繁荣

东莞一域，自古以来地理位置都非常重要，控三江之出口而扼四夷之入户。于交通而言是水陆要冲，于军事而言是边疆要塞，于贸易而言是往来要道。同时江海之盐、鱼、蚝、莞，田园之稻、桑、蕉、蔗，山地之荔、橘、香、茶，可谓物产丰饶。

早在4000年前，就有人类在此繁衍渔猎，这由东莞多处贝丘遗址即可证明。三国时期，东吴在此置盐场，并设官署之，“东官”之得名即与盐署有关，盐场设置与盐业兴盛对东莞的发展起着至关重要的作用。另外东莞水域广阔，莞草遍布，莞草编织业一直很兴盛，“东莞”之今名即缘于盛产莞草，位于广东之东。其它如稻香桑麻，蕉蔗荔橘，无不丰产厚出，为东莞乡邦富庶之基础，民众安乐之保障。

地理位置的重要，地区经济的富庶，也自然促进了东莞口岸的发达及商贸的繁荣。明〔嘉靖〕《广东通志·外志·夷情》有“各国夷船或湾泊新宁广海、望峒，或新会奇潭，香山浪白、蚝镜、十字门，或东莞鸡栖、屯门、虎头门等处海滨”之语，可见东莞一地供番舶停泊之湾有三处。清〔同治〕《番禺县志·宦迹·李恺传》有“东莞番舶所辏”之语，可知东莞乃番舶主要湾泊之地，往来番贡船舶很多。明制，外国贡使来中国，除携带贡品外，准许附带商品进行贸易。王希文《却金坊记》有“夫名以贡来，而实以私附”之语，反映了东莞贡舶贸易之情形，可知番舶所辏，非仅朝贡之物，实则带动更多的民间商贸。

近水楼台先得月，既是广州对外贸易的重要出入要道，又有番国贡舶泊莞贸易，对于明代东莞口岸的提升与商贸的发展自然有很大促进，这是清初迁界禁海制度而形成沿海商贸凋弊局面所不能比拟的。

明代民间租赁活动的繁荣也侧面印证了商贸之兴，如《东莞县学地租记》碑文提到：用银400两在并非繁华地段的演武坊上下隙地建铺屋出租，年收租金达38两，11年即可收回成本。租金比率之高不逊今日之东莞，则当年商贸之兴隆，可窥一斑。

2．明代东莞儒风兴盛，教育发达，民风纯朴

东莞地区建置开发虽晚，但其尊儒重教之风由来已久。因史料缺乏，不能获知隋唐以前教育情况如何，从现存史料看，教育之初兴当在南宋时期，尤以李用、李春叟父子最为著名。本书所收陈琏《梅外李公墓表》谓李春叟：“既谢事，以经学训生徒，诱掖奖劝甚至，故及门者后皆知名。乡邑化之儒风，翕然为振，由是声闻于朝。”

元朝短促，且因不尚科举，并歧视汉人尤其南人之故，东莞元代教育未能光大前朝，亦不足以开启后世。

而进入明代，东莞地区教育发达，儒风兴盛，一时人物鼎盛，灿若繁星。据不完全统计，有明一代（含南明）共有文科进士81名，举人469名，数量之多，当为岭南之最。如此众多人才涌现，自然有其深层原因，丘濬《东莞县重建儒学记》在谈到之所以东莞人才之盛时说“君子推原所自，咸归重于学校育材之效”，说明此乃明代教育发达之故。

人才之兴盛在于学风的倡导，学风之兴盛，要看学校的创建。东莞县学肇始于宋，历元至明，屡废屡修。而在这屡废屡修之间，重学之风、兴学之行、助学之举、赡学之制尽皆感人，丘濬《东莞县重建儒学记》、徐兆魁《东莞县重修文庙儒学记》、黄佐《赠东莞县春湖孙侯孔庙纪成记》、罗一道《东莞县学地租记》、戴铣《东莞县学田记》等众多名贤大家所撰碑文足以证之。

除学宫的修建，县学的田、塘、屋、地之租也有力保证了师之用心教授，生之安心学习。罗一道《东莞县学地租记》有“其事干师生公费，皆取给于学塘与濒濠地屋”，及“凡士之贫窭者，悉赒而赡之，以助其匮乏”之语，可见即使贫寒之士入读书亦无后顾之忧。

地方社学与书院的大量兴建也是教育兴盛、人才辈出的重要原因。早在南宋末年李用的“竹隐精舍”已经开创东莞书院的先河，明代更是空前兴盛，据〔民国〕《东莞县志》载明代旧有社学14所，书院9所，后又新建书院22所，可谓星罗棋布。现存碑刻中未有相关社学与书院之内容，为东莞社学与书院研究一大缺憾。

另外，民风淳朴、乐善好施在很多碑刻中也有普遍反映，《翠林卢公行状》中卢宾对于贫者的“让田而偿其值”、《松雪钟公墓》中钟定安“分田以赡族人”与“沏茶以济道喝”、《张氏祠堂记》中张志逊“捐赀以置祭田”，都是最好的注脚。

3．明代东莞人才鼎盛，名人辈出，底蕴深厚

明代东莞人才鼎盛，名人辈出，出现了何真、陈琏、罗亨信、卢祥、彭谊、祁顺、林光、王缜、陈建、谭清海、袁崇焕、张家玉、张穆等众多历史名人，英才伟略、政声贤誉、勋名烈概，无不彪炳史册。明丘濬《东莞县重建儒学记》有最好的概括：“岭南人材最盛之处，前代首称曲江，在今世则皆以为无愈东莞者。盖入皇朝以来逾百年，于兹领海人士，列官中朝，长贰台省者无凡几何人，而东莞者独居其多。”

有明一代，之所以东莞人才鼎盛，名人辈出，在于其文化教育的底蕴深厚。东莞一域虽偶遭朝代更迭之变，地方治安之扰，但总体而言则是乡邦富庶，生活安定，宗族凝聚。这都为教育之兴、人才之盛、名人之多奠定坚实的基础。

家族的延续是社会延续的缩影，不妨以明清较为著名的罗亨信、祁顺、邓云霄家族来例证东莞人才鼎盛、名人辈出的文化底蕴。

罗亨信，字用实，号觉非，南城英村人。明永乐二年（1404）进士，官至右佥都御史，巡抚宣府大同。土木堡之役，明英宗遭俘，瓦剌部首也先挟英宗至城下，令开城门，罗亨信以社稷为重，坚守以拒。国门捍卫，罗亨信功绩最著，升左副都御史。其子罗泰，善诗文，与陈靖吉、何潜渊组凤台诗社，远追唐音，东莞风雅之气翕然为振。其孙罗珙，结集其祖诗文为《觉非集》。十五世孙罗哲，康熙间岁贡，授海康教谕，以孝闻，著《敦素堂稿》，并重新辑刊《觉非集》。十六世孙罗复晋，康熙年间举人，官户部主事、户部郎中、抚州知府，修《抚州府志》，校刊《念庵罗先生文集》。十七世孙罗士瓒，例贡，署高淳知县，补南汇知县，调沐阳知县。十八世孙罗永楠，乾隆间举人，授龙川教谕，调陵水县督课，擢直隶故城知县。

祁顺，字致和，号巽川，梨川人，明天顺四年（1460）进士，官至右布政使，获赐一品服出使朝鲜，著有《巽川集》、《皇华集》等。其弟祁颐为举人，子祁敏、祁敕皆为进士，祁孜、祁政皆举人。曾孙祁衍曾，举人，有诗名，为岭南名士。八世孙祁文友，顺治间进士，以“一夜东风吹雨过，满江新水长鱼虾”之佳句被一代诗宗王士桢赞誉有加，号之“祁鱼虾”。

邓云霄，字玄度，号虚舟，明万历二十六年（1598）进士，官长洲知县，著述丰富，其《百花洲集》、《解弢集》、《冷邸小言》三部著作列清《四库全书存目》。其后世有邓锡祯、邓蓉镜、邓尔雅等东莞重要名人。

类似的家族在东莞不胜枚举，皆子孙蕃盛，名人辈出，俨然一个个小社会。家族的绵延蕃衍，有利于文化的传承延续，更利于社会的稳定和谐。东莞文化底蕴，藉此得以深厚绵长。所辑馆藏碑刻，虽不能完全反映出莞邑名家更替、文脉延续的史实，但佐以谱牒、史志，仍能窥其一斑。

东莞碑刻，内容丰富，东莞市博物馆所藏仅是极少部分，本文的些许解读，也只是抛砖引玉，以待方家指正。

（作者单位：东莞市博物馆）

从东莞市博物馆藏儒学碑记看明代东莞的儒学教育

刘 炼

在中国儒学教育发展史上，明清两代是一个重要的时期。明代的东莞，人才辈出，出现了颇令世人瞩目的政治家、军事家、哲学家、画家和诗人。东莞学者杨宝霖先生认为，到了明代，东莞的科甲远胜于唐、宋、元，也为清所不及。[1]明代广东不是科举大省，但东莞却属科举相对发达的地区，在广东科举中居重要地位。明代东莞人才为什么会如此之盛呢？原因在于当时东莞教育的兴盛。

对东莞儒学教育的研究，有杨宝霖先生的《东莞学宫——留在东莞老人记忆里的文物》[2]、《东莞在明代的人才和教育》[3]及《明代东莞的教育》；郭培贵先生的《明代东莞地区的科举群体及其历史贡献》[4]等前人的研究成果。本文主要是通过从东莞市博物馆藏儒学碑记以及东莞地方文献中对儒学的记载，分析明代东莞儒学教育的发展情况、原因及影响。明代是中国封建社会自宋代以来继续转衰的时期，研究这一时期的特定区域——东莞的儒学教育，对于了解地方儒学的发展状况以及东莞在明清时期的社会历史，都很有意义。

一 明代东莞儒学教育的发展情况

谈到儒学教育，就不能不说到学宫，关于东莞学宫的情况，杨宝霖先生在《东莞学宫——留在东莞老人记忆里的文物》一文中对学宫的作用、布局及历史作了很详细的考证和研究。笔者在此不多加赘述，只简单介绍。

一 东莞学宫概况

学宫，也称儒学，是封建王朝各级文官的摇篮。封建社会全国公办学校有三种：国学（设在国都的国子监）、府州学（设在府州的学宫）、县学（设在县学宫）[5]。

明代的地方儒学始设于洪武三年（1370），学校的主要类型是府、州、县学。府学设教授1人、训导4人，州学设学正1人、训导3人，县学设教谕1人、训导2人。学生有廪膳生、增广生、附学生三类。学生由地方官挑选，要求外表俊秀、五官端正、年龄满二十五岁、已经读过《四书》。学校按“礼、乐、射、律、书、数”设科分教，其中礼律书为一科，乐射算为一科，分别由训导负责讲授。教授、学正、教谕掌以经史教育学生。学生的出路基本是通过学校推选进入国子监和参加科举。

东莞学宫属于地方儒学，至于其作用，明代翰林院侍读学士兼国史经筵官丘濬的《东莞县重建儒学记》可作最好的说明。今引一段于下：

岭南人才最盛之处，前代首称曲江，在今世，则皆以为无逾东莞者。盖入皇朝以来，逾百年于兹，岭海人士，列官中朝长贰台省者，无几何人。而东莞一邑，独居其多。君子推原所自，咸归重于学校育材之效焉。

可以说，在明代，学宫为东莞培养了大批的人才，在东莞的教育史上有着不可磨灭的作用。

二 明代东莞学宫的修缮情况

据杨宝霖先生《东莞学宫——留在东莞老人记忆里的文物》一文考证，在明代，洪武三年（1370），下诏天下州县开设学校。时东莞之南有聚众为乱的，县令詹勖无暇顾及。洪武七年（1374）地方安靖，正月重修学宫，次年三月告成，生徒欢聚，学校乃兴。后洪武三十年（1397）、洪熙元年（1425）、正统四年（1439）、正统六年（1441）、天顺八年（1464）、成化八年（1472）、成化十六年（1480）、明孝宗弘治二年（1489）、弘治十七年（1504）、正德十三年（1518）、正德十五年（1520）、嘉靖四年（1525）、嘉靖十七年（1538）等，学宫迭经重修。[6]

从上可以看出，明代东莞学宫几经修缮，反映了当时政府对学宫的重视。

三　明代东莞儒学教育的成果

明代，东莞不仅高官多，而且文学家、哲学家、科学家、军事家、音乐家、画家、民族英雄，亦为数不少，影响颇大。这些是与当时政府重视教育分不开的。

（一）为东莞培养了大批的人才

东莞明代人才之盛，首先可以从科举中式看出。东莞明代科甲盛，各级官员多，以官阶高而论，封伯爵1人，何真；太子太保（从一品）1人，袁崇焕；尚书（正二品）4人，王缜、袁崇焕、徐兆魁、李觉斯；侍郎（正三品）5人，黎光、陈琏、苏观生、张家玉、陈象明；布政使（从二品）4人，彭谊、祁顺、钟卿、钟昌。总兵官（正一品）1人，陈策。

正如东莞市博物馆藏《东莞县重建儒学记》中的记载：

而东莞人才之盛且显，独甲于岭南，则夫异时储积所得，教导所成，以为国家用者，不独在一时，且将流于数世之后。

辽宁师范大学的郭培贵在《明代东莞地区的科举群体及其历史贡献》论文中提到，明代，东莞共考出举人550名、进士81名，分别占那时广东举人和进士总数的7.6%和8.4%，在各州、县排名中皆为第四；考出庶吉士6名，占广东庶吉士总数的9.8%，仅次于顺德和番禺，与南海并列第三；六次摘取解元桂冠，在各州县名列第五；进士与举人之比为14.4%，高于全省平均数1.5个百分点；还出现了18个三代之内至少产生了两个以上举人的科举家族，占广东科举家族总数的9.4%；另外，东莞举人在明代初期、中期和后期广东举人总数中所占比例也呈持续上升趋势，反映了科举实力的不断加强。[7]

（二）提高了东莞的文化教育水平

东莞儒学的兴盛带来的结果就是人才辈出，举人进士多。同时，也促进了东莞文化的繁荣，这个时候出现了一大批优秀的著作。杨宝霖先生据〔民国〕《东莞县志》卷八三至卷八八《艺文略》所载，制下表以明之，今转载如下：[8]

	经	史	子	集	合计
历代	83种	162种	107种	489种	841种
明	28种	116种	61种	214种	419种
明所占%	33.7%	71.6%	57%	43.7%	49.8%

东莞明代的著作，几乎占宋、元、明、清著作总和的一半，其人才之盛，可以推知；其文化教育的繁荣，可以想见。

二　明代儒学碑记概况

〔民国〕《东莞县志》中记载的明代儒学碑记共有10块。分别是《东莞县重修文庙儒学记》、《本邑大修儒学记》、《重修东莞儒学记》、《东莞县儒学修造记》、《东莞县重建儒学记》、《重修东莞儒学明伦堂记》、《赠东莞县春湖孙侯孔庙纪成记》、《东莞县儒学重修记》、《东莞儒学鼎建尊经阁记》、《东莞县学地租记》。

东莞市博物馆藏的儒学碑记共有5块，在这当中，有4块是〔民国〕《东莞县志》中有记载的。即《东莞县重修文庙儒学记》、《东莞县重建儒学记》、《赠东莞县春湖孙侯孔庙纪成记》、《东莞县学地租记》。而《东莞县学□记》则不载于《县志》，但此碑文字残缺严重，多漫灭不清。

现将这些碑记简单介绍如下：

（1）东莞县重修文庙儒学记

明万历三十二年（1604）立石。徐兆魁撰文，尹璋书丹并篆额。碑原在学宫，今存东莞市博物馆。

圆首。碑通高204厘米（其中首高40厘米），宽106厘米，厚9厘米。碑额十字被刻意磨灭。碑文正书，32行，满行58字，抬头高1或2字，字径2厘米，周边饰以云龙纹。碑身断成三截，下部有少许残损，中间磨损严重，部分文字磨灭难辨。〔民国〕《东莞县志》有著录。

（2）本邑大修儒学记

原在学宫，今不详。李觉斯撰文，郭九鼎书丹，姚钿篆额。〔民国〕《东莞县志》卷九十五《金石略七》：“高四尺四寸，阔二尺二寸，二十六行，行六十五字，抬头高一字，正书，碑额七字，篆书。”

（3）重修东莞儒学记

原在学宫，今不详。汪运光撰文，萧奕辅书丹，朱祚昌篆额。〔民国〕《东莞县志》卷九十五《金石略七》："高五尺，阔二尺四寸，二十四行，行六十七字，抬头高二字，正书，碑额八字，篆书。"

（4）东莞县儒学修造记

原在学宫，今不详。钱溥撰文，卢祥篆额。〔民国〕《东莞县志》卷九十二《金石略四》："高三尺五寸，阔一尺八寸，二十四行，行三十八字，抬头高二字，楷书，碑额八字，篆书。"

（5）东莞县重建儒学记

明成化八年（1472）立石。丘濬撰文，翁祯书丹，黄结篆额。原在学宫，今存东莞市博物馆。

青石质，圆首。身首一体，首高38厘米。额文阴刻篆书"东莞县重建儒学记"8字，字径10厘米。碑身高131厘米，宽87厘米，厚10厘米。碑文楷书，21行，满行40字，抬头高1或2字，字径2.8厘米。碑的上部及右边，多捶凿痕，幸捶而未碎。字体隽秀，字迹清晰。碑文收入丘濬的文集，《四库全书》本丘濬的《重编琼台会稿》卷十六有之，但有删略，不及此碑之详。〔民国〕《东莞县志》亦有著录。

（6）重修东莞儒学明伦堂记

原在学宫，今不详。王缜书丹。〔民国〕《东莞县志》卷九十三《金石略五》："高三尺，阔一尺六寸，十九行，行三十六字，抬头高一字，碑额重修作重建，亦十字，篆书。"

（7）赠东莞县春湖孙侯孔庙纪成记

明嘉靖己酉年（1549）孟秋立石。黄佐撰文。原在学宫，今存东莞市博物馆。圆首，通高133厘米（其中首高20厘米），宽70厘米，厚10厘米。碑额篆书"孔庙纪成记"5字，字高7厘米、宽4.5厘米。碑文正书，23行，满行50字，抬头高1或2字，字径2厘米，周边饰以云龙纹。保存基本完好，有凿痕，文字清晰，个别字磨灭难辨。〔民国〕《东莞县志》有著录。

（8）东莞县儒学重修记

原在学宫，今不详。湛若水撰文。〔民国〕《东莞县志》卷九十四《金石略六》："高四尺三寸，阔二尺一寸，二十三行，行四十八字，抬头高一字，正书，碑额八字，篆书。"

（9）东莞儒学鼎建尊经阁记

原在学宫，今不详。钟卿撰文，王希文书丹并篆额。〔民国〕《东莞县志》卷九十四《金石略六》："高九尺八寸，阔二尺一寸，二十二行，行五十一字，抬头高一字，碑额十字，篆书。"

（10）东莞县学地租记

明隆庆辛未（1571）七月立石。罗一道撰文。原在学宫，今存于东莞市博物馆。

花岗岩石质，碑高160厘米，宽84厘米，厚16厘米，字径2.4厘米。篆额"东莞县学地租记"10字，碑文19行，满行45字，抬头高1字，楷书，个别字略近行书。书法佳，流畅，清秀。通体保存完好，个别字磨灭。〔民国〕《东莞县志》有著录。

（11）东莞县学□记

约明嘉靖二十年至二十九年间（1541—1550）立石。碑通体高119厘米，宽95厘米，厚7厘米。正文题名"东莞县学□记"6字。碑文楷书，21行，行45字不等，字径1.8厘米，四周饰以云龙纹。保存尚好，有多处凿痕，文字多漫灭不清。

东莞市博物馆藏这几块碑在《县志》中都有记载，说明在陈伯陶时期，这些碑可能还多在学宫，只是后来因为战乱，学宫的大多数碑都散佚不见，只留仅仅几块保存于东莞市博物馆。

短短一个朝代，儒学碑记如此之多，还不包括散佚的，足以证明当时政府重视儒学的程度及教育的兴盛。

三　明代东莞儒学教育迅速发展的原因

东莞儒学迅速发展，原因是多方面的。

一　明王朝统治者对儒学教育的重视

在明代地方儒学教育中，有几件事值得注意：一是洪武十五年（1382），颁禁令十二条，命各学校镌刻在石碑上，作为全国地方儒学办学的指导方针，这就是所谓的《卧碑》。《卧碑》其实是当时集权政治在地方教育上的反映。二是设立提督风宪官。明初地方学校的教育，通常由地方直接管理。与此同时，作为中央统一的教育部署，地方学校也通过监察御史（管理京城所在地的儒学）或按察司（管理在外各州县的儒学）接受中央的督察。提学官的设置，从理论上讲，对保证地方学校的有序发展是有作用的。三是地方官的政绩考核中，有一条就是"兴学校"的政绩。洪武五年（1372）十二月，朱元璋下令今后对地方官进行政绩考核，必须包括"农桑、学校"方面的业绩，不遵此令的，黜退为民。由于地方官直接管理着当地的学校建设，所以这样的规定，对地方学校的发展是有一定保障作用的。四是加强了地方儒学的教学管理。对儒学教师的选用要求，基本上包括三个方面，即德行、经术和教法的掌握程度。

明代统治者实行的这些政策，促进了各地儒学教育的发展，这也是当时儒学之所以兴盛的社会背景，而处于岭南一隅的东莞，在这样的环境下，重教育，兴学校。

二　东莞政府的重视

贯彻朝廷的教育政策是县令的职责。比如天顺五年（1461）知县吴中有善政，政暇“尤加意于学校，悯其岁入于弊，自庑堂、斋厨、门楼暨三闲祠，攀桂亭，靡不撤故加新，旧祭器以锡，今范以铜，学前黎氏舍鱼塘二口，构作一口以赡学，诸生来游者众，至庠舍不能容，乃购后地一区，增造内号四十余间。”[9]

又如天启五年（1625），知县李模（二十岁为东莞知县）“于振兴文教，尤孜孜不倦，立鹄社为季考月课，与士人穷经讲艺，连昼夜不辍”[10]。

明代东莞政府官员对教育的重视由此可见一斑。

这一点也可以从馆藏儒学碑记中见到。

《东莞县重修文庙儒学记》：

岁庚子，舶可刘公以迁客来摄邑事，首谒庙，徘徊学宫不忍去。居无何，有修学之议，询谋佥同，寻得请于当道。

又：

山麓之嶙峋，经营既周，规模益壮，登其堂巍然焕然，远而望冯冯翼翼，一时人士莫不共相庆，藉谓士运从兹，当应刘公之卜云。经始于本年十一月，逾年壬寅而工告成。费约一千五百有奇，内帑金八百余。悉翁侯倡之诸僚，采洎缙绅士民之好义者协成之。董其事则邑丞解公，解公心力俱殚，劳绩在士绅之口，不具述。事竣之明年为癸卯，学博杨君、陶君、邓君率襟士属余言以记始末。

《东莞县重建儒学记》：

成化丙戌，予友范君彦理来知县事。既三年，振作斯文，大兴学校。

《东莞县学地租记》：

隆庆己巳，张侯以名进士擢尹东莞。视篆初，孜孜民事。未逾年，政教聿兴，百废修举，而尤留意学校。每公暇日，与诸士讲求道义正学，先德行而后文艺。

又如《东莞县学地租记》中写道：

凡士之贫窭者，悉赒中而赡之，以助其匮乏……然月考日会，供需既繁，无丝毫赢余，贫士往往不蒙实惠。张侯莅学，乃召庠生翟世质、游志松、黄思睿、谢鲲化、何公彦辈，佥谋赡之之策。维时卫挥使安君国贤言演武坊上下有隙地，可筑铺屋以赁民居。遂议构屋收其租，俾学库储之。择庠士二人，籍其出入，毋劳师长役役于此。每岁季冬，学师会庠士，计其贫者若干，可给者若干。其事干师生公费，皆取给于学塘与濒濠地屋，与此铺不相干涉。其有余，则尽给诸生为油灯之费，一岁供一岁之用。议既定，张侯曰：“兴学以养士，吾职也。”乃谋诸丞桃源陈宪，经画规制，分委广有，仓官林文、县耆濮梅董其役。自给与俸金四百两，雇工庀材。

从以上儒学碑记的记载中，我们可以看到，当时的政府及统治者对儒学教育是何其重视，“可刘公以迁客来摄邑事，首谒庙，徘徊学宫不忍去”、“政教聿兴，百废修举，而尤留意学校”、“兴学以养士，吾职也”。这些反映的是他们把教育当作重要的政绩，当作自己的职责，重修学宫，兴学养士。

三　社会人士的支持

杨宝霖先生《东莞在明代的人才和教育》一文中指出，支持学校，捐资献地的，首推学左黎氏。东莞的学官（即县学）旧在县治东南二里，淳熙十三年（1186）黎晦四世孙黎龙友，独资捐献重建学宫的经史阁。天顺五年（1461），黎龙友五世孙黎琼兄弟捐鱼塘二口以赡学。[11]

陈琏、罗亨信、张浦、黄阅古、谢良翰等都曾热心于东莞的教育，他们或捐地捐资，或创立书院、社学，或公开私人藏书，或亲自上课，为家乡的教育事业做出了自己的贡献。

四　有足够的资金和经济实力的支撑

明代东莞最大的学校是县儒学，即学宫，创立于宋。淳熙十三年（1186）移于东门外，历代修缮。学宫有校产，并且儒学校产的每项收入，有一定的应用范围。在儒学读书的生员，有伙食费，有灯油费，考试有资料费，贫苦的有助学金。这些资金的来源一部分是学宫的地租。

馆藏《东莞县学地租记》中记载了学宫的校产：

学有田塘屋地租凡四所：一在学宫前，鱼塘一口；一在兴贤桥，濒濠地屋五十七间；一在独树村，田四十四亩五分；一在大阵洲，田六十亩。每岁终，收其租之所入，以给公费，济贫士，后有司中学宪，将独树村、大阵洲二处田租属于县，每请须得报乃给。此田遂非学有，止存学前塘与濒濠地屋，以充学中支费。

地租的作用，是“每岁终收其租之所入，以给公费，济贫士”和“充学中支费”。简言之，即救济贫士，助其匮乏。地租的收入保证了生员们读书所需要的资金，也为他们考取功名提供了经济保障。

总之，朝廷有旨，地方贯彻，社会人士大力支持，风气既成，明代的东莞，所以人才盛也。东莞的儒学教育也因此在广东科举中居重要地位。

注释

[1] 杨宝霖：《明代东莞的教育》，政协广东省东莞市委员会等编《明清珠江三角洲（东莞）区域史国际学术研讨会论文资料汇编》，2008年，第343页。

[2]《莞城千年文化》编委会：《莞城千年文化》，中国大百科全书出版社，2006年，第244－249页。

[3]《东莞文史》第二十四辑，东莞市政协文史资料委员会出版，1996年，第121－143页。

[4] 政协广东省东莞市委员会等编《明清珠江三角洲（东莞）区域史国际学术研讨会论文资料汇编》，2008年，第62－74页。

[5] 杨宝霖：《东莞学宫——留在东莞老人记忆里的文物》，载《莞城千年文化》编委会：《莞莞城千年文化》，中国大百科全书出版社，2006年，第244页。

[6] 杨宝霖：《东莞学宫——留在东莞老人记忆里的文物》，载《莞城千年文化》编委会：《莞城千年文化》，中国大百科全书出版社，2006年，第246－247页。

[7] 郭培贵：《明代东莞地区的科举群体及其历史贡献》，载政协广东省东莞市委员会等编《明清珠江三角洲（东莞）区域史国际学术研讨会论文资料汇编》，2008年，第62页。

[8] 杨宝霖：《东莞在明代的人才与教育》，载《东莞文史》第二十四辑，东莞市政协文史资料委员会出版，1996年，第132页。

[9]〔崇祯〕《东莞县志》卷六《艺文志·钱溥<儒学修造记>》。

[10]〔雍正〕《东莞县志》卷六《宦迹·李模传》。

[11] 杨宝霖：《东莞在明代的人才与教育》，载《东莞文史》第二十四辑，东莞市政协文史资料委员会出版，1996年，第136－137页。

（作者单位：东莞市博物馆）

东莞南汉经幢（镇象塔）考

麦淑贤

东莞南汉经幢造于大宝五年（962），考其形制及性质，即文献所指作“镇象”之用的“宝塔”。幢身上所刻《佛顶尊胜陀罗尼经》，既是超度野象之亡魂，亦是为杀象之人消除罪业。据笔者考证，镇象塔所镌之《陀罗尼经》乃采用金刚智译本，且保留了“启请”文，弥足珍贵。

一 “宝塔”与经幢所指是否一致

南汉经幢，为莞人邵廷琄于大宝五年（即北宋建隆三年）所造，原坐落于资福寺（其址在今莞城中心小学）前。嘉庆时，“在一小庙中，俗称象塔庙。塔四旁邑人加甃以石，入地不知几许。”[1] 1916年端午，书画家潘龢与蔡守同访此经幢，潘氏所见“石质黝黑，复多漫漶。旧覆小庙，尊以为神，今始廓清，建亭于侧。”[2]至1966年，因城市建设之需要，南汉经幢需迁移他处，发掘时 “只有石幢柱露出地面，高106厘米，其余都已埋入地下；掘至2米深处，发现柱上脱落的幢盖等部分，才恢复塔的原来面貌。”[3]

修复后的南汉经幢通高3.97米，共分底座、首层须弥座、座盖、石幢柱、柱上盖、扁圆形石鼓垫、四角形佛塔等五层十段（见图1）。底座仍可见云龙的纹痕，首层须弥座为八角形，每面镌刻戴盔披甲的武士 （见图2）；座盖侧遍刻仰莲两层。盖上竖立一根八面石幢柱，每面上部刻有一尊佛像，呈打坐状；佛像之下均有文字，其中包括造幢记与《佛顶尊胜陀罗尼经》。幢柱顶有盖，作莲花瓣形，分八瓣，瓣里镌有仰卧飞仙。盖有扁圆形石鼓，鼓上置四角形佛塔，塔作束腰，有塔座、须弥座、上盖、塔角和塔刹，塔刹只存底部二级相轮，其余已散失。其来历详见造幢记：

大宝五年壬戌十一月乙卯朔六日庚申，东南面招讨使、特进行内侍监、上国柱禹余宫使邵廷琄买地一段，起创寺院僧房，镌造佛顶尊胜、大白衣观世音菩萨尊相；甃砌宝塔五层，四面龛室装严佛像，又舍田差僧延嗣住持焚修，伏以所崇妙善。至秋，有群象踏食百姓田禾，累奉敕下□人采捕，驱括入栏，烹肉赡军。然戴甲披毛，俱是负来之命；虑遗骸滞魄，难超舍去之魂，仰赖良因，免涉幽扃之苦；速承济度，永辞异类之徒。[4]

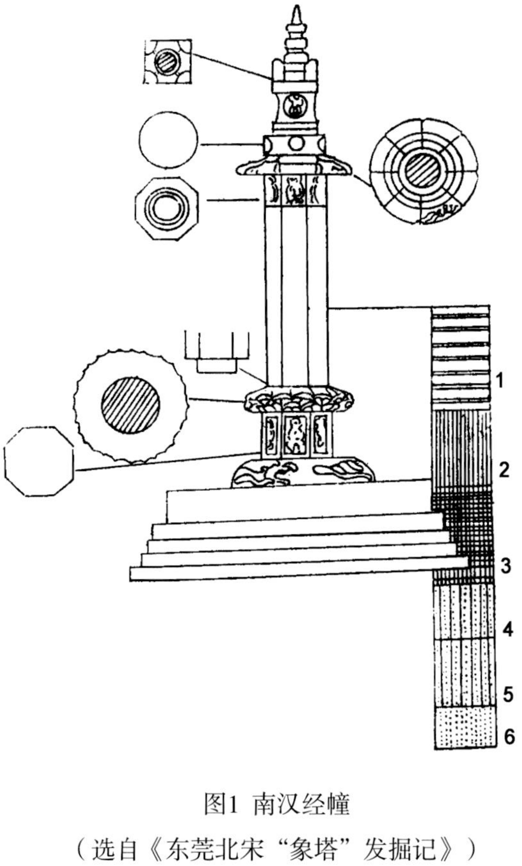

图1 南汉经幢

（选自《东莞北宋“象塔”发掘记》）

图3 佛鼓上的四角形佛塔

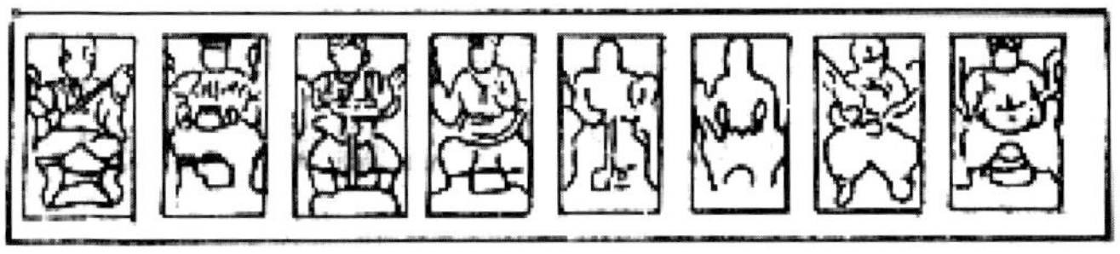

图2 首层须弥座上所刻武士

（选自《东莞北宋“象塔”发掘记》）

由此可知此经幢为镇群象“舍去之魂”而“甃砌宝塔五层四面龛室”，故世皆称之为“镇象塔”。吴莱（1297—1304）《南海古迹记》、〔崇祯〕《东莞县志》、〔嘉庆〕《东莞县志》、〔道光〕《广东通志》、〔民国〕《东莞县志》等诸文献均是如此。

虽然〔民国〕《东莞县志》中亦称此经幢为“镇象塔”，但其编撰者又在行文中提出异议，认为上文所言“宝塔”并非指南汉经幢，“（幢文）第一面第二行‘佛顶尊胜□□尼’，以第三面第四行核之，则‘胜’下确为‘陁罗’二字，此系经幢，故石分八面。而世之呼之为‘镇象塔’者，以文有‘宝塔五层四面龛室’语，其实当时创造别有一五层四面之塔，非此幢也。”[5]

笔者以为，此说不成立，理由如下：

（一）造幢记中所言“宝塔五层四面龛室”，“四面”乃描述“龛室”而非塔身。且南汉经幢之幢盖上有四角形佛塔（见图3），每一面均刻一佛像，此佛塔与“四面龛室装严佛像”所指相符。

（二）遍查其他与东莞资福寺及南汉经幢相关之文献资料，均无提及资福寺创建之时并造一座“五层四面”之塔。

（三）唐至宋，时人亦有直称“经幢”为“塔”者。例如，唐玄宗时，王袭纲等人在今四川阆中所建的铁幢，平面作八角形，幢身遍刻《尊胜陀罗尼经》，其题记中即称“敬造此塔，万代供养”[6]。又如，今锦州朝阳县城金代王□超所建的经幢上，题名为“大悲心陀罗尼真言宝塔”，其造幢记云“王□超建石塔一座”[7]。又如，在今浙江杭县临平镇安隐寺前有唐大中十四年（860）所建的经幢，在宋天禧二年（1018）移建的题记中，有“宝塔功德主内殿赐紫文定”的题名。[8] 因此，在大宝五年（北宋建隆三年，962年），将“经幢”称为“宝塔”是可以理解的。

其实，这里已涉及到一个更深层次的问题：经幢的性质是什么，它与塔有何关系。“幢原系一种建之于佛前的伞状丝帛制品，顶装如意宝珠，下有长杆。初唐时开始以石刻形式模拟丝帛的幢，唐宋时期此风尤盛。”“幢身作柱状，多呈八面体，其上大都刻佛顶尊胜陀罗尼经，幢顶一般刻成仿木建筑的攒尖顶，顶端托宝珠。”[9] 关于经幢的性质，近人潘龢在镇象塔拓本题跋中提出“考经幢之制，本为浮屠者而递变。浮屠，佛言犹塔也，或建以祈福，或建以营葬，种类至不一。”[10] 今人刘淑芬对经幢有较为深入的研究，她从佛经所述、宗教功能、建筑结构等五个方面论证经幢的性质是法舍利塔。“所谓的法舍利塔，是指在塔中放置佛经者；其法源自印度，印度係以香末为泥，作高五、六寸的小窣堵波，以书写的经文置其中，称之为‘法舍利’。若其数渐积多，则建大窣堵波，总聚其中，以修供养，即法舍利窣堵波（法舍利塔）。经幢系以刊刻《佛顶尊胜陀罗尼经》为主题，自然也属于法舍利塔。”[11] 而且，《佛顶尊胜陀罗尼经》中也说“于四衢道造窣堵波，安置陀罗尼，合掌恭敬旋绕行道归依礼拜”[12]。

综上所述，东莞南汉经幢造幢记中直称“经幢”为“塔”，反映了时人对于经幢性质之理解。这为今人研究经幢之来源与演变及其宗教功能，提供了很好的文物材料。

二　“镇象”与《佛顶尊胜陀罗尼经》

东莞南汉经幢上刻《佛顶尊胜陀罗尼经》（以下简称“《陀罗尼经》”）之咒语，以作“镇象”之用。为何《陀罗尼经》有此神力，在此有必要对此作一简介。

《陀罗尼经》是早期密教（即“杂密”）的经典之一。其传入中国之时间，据唐定觉寺沙门志静所作《陀罗尼经序》，“陀罗尼经者，婆罗门僧佛陀波利仪凤元年（笔者注：即676年）从西国来至此”[13]。“此经以仪凤元年四年正月五日，朝议郎行鸿胪寺典宾令杜行𫖮与宁远将军度婆等，奉诏译进”[14]。由此，《陀罗尼经》之汉译版本诞生。除了杜行𫖮外，此后还有地婆诃罗、佛陀波利、地婆诃罗、义净、善无畏、不空、若那、法天等人所译之本。

《陀罗尼经》乃释迦牟尼为解救即将面临短寿、受畜身、下地狱等苦难的善住天子而说的。善住天子依法受持此“陀罗尼”六日六夜，不仅逃过死亡与苦难，且得延年增寿。此经分为两部分，一是意译部分，叙述释迦牟尼说“佛顶尊胜陀罗尼”之原委，极力称颂赞扬其威力神效，并且教授持诵此陀罗尼之法。另一是音译部分，亦是核心内容“尊胜陀罗尼”，即咒语。以此经最通行的佛陀波利译本为例，前者有2655字，后者则仅326言。

此经法力无穷，“为一切地狱畜生阎罗界众生得解脱故”，“能净一切恶道，能清除一切生死苦恼，又能清除诸地狱阎罗王界畜生之苦，又破一切地狱能回向善道”[15]。又云：“天帝，若人能须臾读诵此陀罗尼者，此人所有一切地狱畜生阎王界饿鬼之苦，破坏消灭无有遗余。诸佛刹土及诸天宫，一切菩萨所住之门，无有障碍，随意趣入……天帝，若人须臾得闻此陀罗尼，千劫已来积造恶业重障，应受种种流转生死，地狱饿鬼畜生阎罗王界阿修罗身，夜叉罗刹鬼神布单那羯吒布单那羯吒布单那阿波娑摩啰，蚊虻龟狗蟒蛇一切诸鸟，及诸猛兽一切蠢动含灵乃至蚁子之身，更不重受。”[16]由此可见，《陀罗尼经》破地狱功能突出，且能消灾又可成佛，又兼济生死两界。

所以，此经无疑是“镇象”之最佳选择。所谓“最佳”，乃一石二鸟之举。南汉经幢之建造，表面看来其目的即是超度群象“舍去之魂”，使其“免涉幽扃之苦”。然而，我们细读“戴甲披毛，俱是负来之命”一句，便可知其中隐含无奈杀生之意。因此，刻《陀罗尼经》亦是为戮杀野象之人赦罪、除灾与祈福。由于此经之法力，尤其是“尘沾影覆”[17]之神效，加之五台山信仰背景下佛陀波利传奇，以及唐代宗于大历十一年（776）诏令天下僧尼每日须诵《陀罗尼经》二十一遍等因素，自唐高宗起，《陀罗尼经》迅速流布。继而，陀罗尼经幢广立，此风气一直延续到明。存世之经幢，多为现世或已逝之人消弭罪业、免除恶道之苦，罕见为异类生灵超度及祈祷者。此乃东莞南汉经幢之特殊之处。

三　镇象塔之镌文及其解读

据笔者测量，镇象塔石幢柱高163厘米，围长156厘米。柱分8面，每面约宽21厘米。上刻文字，第一面6行，其余均是5行，原约有1000余字，含造幢记及《陀罗尼经》之咒语。然历经近千年沧桑后，其文字剥泐过半。至嘉庆时莞人张骏[18]拓得418字[19]；近人潘龢于1916年端午再拓，得300余；时至今日，约存300字也。前人皆因字迹漫灭，而未对经幢全文进行著录。为下文叙述之方便，亦为后人提供研究之资，现综合上述两种拓本及诸书所载，将其整理如下（第一面为造幢记，上文已录，此不赘言）：

（省略号表示不知所缺字数，括号内乃其本身侧注之内容）

【第二面】……□□佛顶尊胜王，广长舌相遍三千，恒沙功德皆圆……米传㥏户人为善住天，能灭七返傍生难……我今具足是凡夫，赞叹惣持萨婆若……生，十方刹土诸如来，他方世界诸菩萨。

【第三面】……将及药叉，寘司地主琰摩罗，善恶簿官二童□……启请皆降临，拥护佛法使长存，各各勤行世尊教，……居地上或虚空，愿闻佛顶尊胜王，蠢动含灵皆作佛……佛顶尊胜佗罗尼……怛𠻳（音赖，二合，引）……也（计音二合一）钵啰底……尾始瑟吒……野（三）没驮……

【第四面】……他（去，引，五）唵（引）尾戍（引）驮野……驮野……么娑么三（去……）……拏……底诺贺曩……𠾴（二合）婆（去，引）𠾴……诺多（□）嚩啰嚩左曩（引）阿蜜哩(二合)多（□引）鼻……（□□反）散驮(引)……驮野戍（引）驮野……

【第五面】……瑟耻……多摩贺（引）母捺……（二十九）波耶突哩（二合）揭底波……（二合）帝（三十二）么……摩预（三十三）怛闼多……

【第六面】……萨嚩萨埵……迦耶波唎秫第……室□铭（四十六）三……麽（引）湿嚩（二合）娑……（……合，引）娑（去，引）地瑟耻（二合）帝（四十九）……多跛哩秫第……嚩怛他（去，引）……

【第七面】……（引）母捺□（三合）……嚩贺（引□十六句）……（……合，引）贺……嚩……啰（二合，引）……（□夜□□）野（四）娑嚩……

【第八面】……帝（引）吒预（九）怛啰（二合）……钵啰（二合）……

经幢第二面“□□佛顶尊胜王”第三面“蠢动含灵皆作佛”，完整可见者皆为七言，结合其内容判断，笔者以为这应属于“启请”。所谓“启请”，即是密宗在经典或陀罗尼读诵之前奉请的启白。据刘淑芬之所见及辑录，七种《佛顶尊胜陀罗尼经》启请文均是七言。大英博物馆所藏敦煌文书编号S. 4378 V/2，有“佛顶尊胜加句灵验陀罗尼启请”文，其中有“广长舌相遍三千，口口口德皆圆满”句。[20]另，宋淳化二年（991），福建承天寺“尊胜陀罗尼启请”有“能灭七返傍生难”句。[21]此三句在镇象塔镌文中出现，其他均异。今《大正新修大藏经》中已无任何启请文，故镇象塔所存实乃一弥足珍贵之史料。

第三面“佛顶尊胜陀罗尼”以下至第七面“嚩贺（引□十六句）”是《佛顶尊胜陀罗尼》之音译部分。此经翻译版本较多，在用字、注音及断句等方面均有差异。今对照《大正新修大藏经》各种版本，唯《加句灵验佛顶尊胜陀罗尼记》中《佛顶尊胜陀罗尼》与镇象塔之镌文最为接近。今为方便比较，现将其辑录如下[22]（划横线者即两者相同之处，波浪线者乃相异之处，小字者乃原文侧注）。

曩谟（引）婆哦嚩（无可反，下同）帝（引一句）怛嚫（二引转合古）路（引）枳也（二合）钵罗（二合）底（丁以反）尾始瑟吒（二合，引）野（三）没驮（引）野婆（去）诚嚩帝（引，四）怛你也（二合）他（去，引，五）唵（引）尾戍（引）驮野尾戍驮野（六）娑么娑么三（去）满多（去）嚩婆（去，引）娑（七）娑颇（二合）罗拏（鼻音）诚底诚贺曩（八）沙嚩（二合）婆（去，引）嚩尾秫（请律反）第（九）阿（□上）鼻诜（正谨反）左（一本六者）睹轮（莫敢反，引）素诚多（十）嚩啰嚩左（隹上）曩（引，十一）阿蜜哩（二合，转舌）多（去，引）鼻晒（所戒反，引）臅（居又反，引，十二）阿（去，引）贺啰（十三）阿（去，引）庾（羊主反）散驮（引）罗抳（尼敕止反，十四）戍（引）驮野戍（引）驮野（十五）诚诚曩尾秫弟（十六）邬瑟抳（二合，引）洒尾惹（自拶反）野尾秫弟（十七）娑贺娑罗（二合）罗（罗字声转舌）湿茗（二合）散祖（一本云注）你（左以反，下同）帝（十八）萨嚩怛他（去，引）诚多（十九）嚩卢羯你（宁硕反，二十）娑吒波（二合）啰蜜多（引，二十一）波唎布（引）啰抳（二十二）萨婆怛他蘖多缬哩（二合）驮野（引，二十三）地瑟吒（二合，引）曩（二十四）地瑟耻（二合）多（二十五）摩贺（引）母悷嚟（二合，转舌，引，二十六）嚩曰啰（二合）迦（引）野（二十七）僧贺多曩尾秫第（二十八）萨嚩（引）嚩啰拏（鼻，引，二十九）波耶突哩（二合）揭底跛唎秫弟（三十）钵啰（二合）底预韈（脱发反，转舌）阿多野（去，引）欲秫弟（三十一）三（去）么野（引）地瑟耻（二合）帝（三十二）么预摩贺么预（三十三）怛闼多（去，引）部（引）多（三十四）句（引）知跛哩秫弟（三十五）尾娑普（二合）吒没池秫弟（三十六）惹野尾惹野尾惹野（二合，三十七）娑么（二合）啰娑么（二合）啰（三十九）萨嚩没驮（引）地瑟耻（二合）多秫弟（四十）嚩曰嚟（二合）嚩曰啰（二合）蘖陛（引，四十一）嚩曰览（二合，引）婆（去，引）嚩睹么么（自称名姓，姓名若缘诸事诵亦称亦称之事）舍唎嚂嚩萨埵南（四十三）者迦耶跛唎秫第（四十四）萨嚩诚底跛哩秫第（四十五）萨嚩怛他（去，引）多（去，引）室者铭（四十六）三（去）么（引）湿嚩（二合）娑演睹（四十七）萨嚩怛他（去，引）多（四十八）三（去）么（鼻，引）湿嚩（二合，引）娑（引）地瑟耻（二合）帝（四十九）没地野（二合，五十）尾冒（引）驮野尾冒（引）驮野（五十一）三满多跛哩秫弟（五十二）萨嚩怛他（去，引）蘖多缬哩（二合）驮野（引，五十三）地瑟姹（二合，引）曩（引）地瑟耻（二合）多摩贺（引）母捺嚟（二合，转舌，引）萨嚩（二）贺（引）

括号内为经文侧注之内容，皆是译者所加。梵音与唐音差异甚大，翻译时只能取音同或音近之字，但来自另外一种语言系统的汉字难以完全传达梵音，因此侧注之辅助亦十分重要。“例不审看侧注，辄自文外纽弹，谓言令然，岂知讹舛。”

至于如何读懂侧注，《学念梵音法》有云：“若无侧注，不假纽声，但依其文，自当周正。所有口边字者，皆须弹舌而言之；侧注平、上、去、入者，依四声而纽之；所注‘二合’者，两字相和，一时急呼，是为二合也。”[1]以上文为例，括号内之数字表示断句之序号。“转舌”即弹舌，加口字边之音译字多如此；“谟（引）”，此处读“谟”字时声音需延长；“嚩（无可反）”，所注乃中国传统之反切释音法，“无可”两字拼出“嚩”之读音；“钵罗（二合）”则表示两字急促连呼得一音。

《加句灵验佛顶尊胜陀罗尼记》为唐人武彻所述，记述五台王山人、王开士及王少府三人持诵波利译本《陀罗尼经》，却因其“文句脱略”而不成正果。后以不同之机缘而得授“金刚智三藏梵本译出者”，神效立显。故武记中所录之《佛顶尊胜陀罗尼》应为金刚智译本。通过上文之比较，镇象塔之镌文与其几近一致，仅有细微出入，故笔者认为其所刻应属金刚智译本系统。因为梵汉有别，经典靠人传授，各师在传授过程有所变动亦属常事。例如，日本学者藤枝晃搜集了36部《佛顶尊胜陀罗尼》写本，全是波利译本，却有8种不同版本，主要是断句或侧注不同。由此可见一斑。[24]

据刘淑芬之研究，唐代经幢所刻几乎全是波利译本，入宋后刻不空本的经幢略有增加，另亦有少数刻义净译本。[25] 但总体而言，现各地所存之经幢，甚少采用金刚智本，为何镇象塔镌此本《陀罗尼经》？这是一个值得思考的问题。金刚智，南印度摩赖耶国人，年十六开悟佛理，后随师往中印度那烂陀寺，十余年全通三藏，东行佛誓裸人等二十余国。“闻脂那佛法崇盛，泛舶而来”，“开元己未岁（笔者注：即719年）达于广府。敕迎就慈恩寺。寻徙荐福寺。所住之刹必建大曼拏罗灌顶道场度于四众。”[26]据《宋高僧传》，金刚智曾至广州，惜其在羊城之活动不详。镇象塔采用金刚智之译本，除了武彻之宣扬及后人所增补之灵验故事助力外，是否与金刚智入粤所产生之影响有关？这有待进一步探讨，在此姑且存疑。

第七面“贺……嚩”至第八面全部，可能属另一种经文，无奈残缺太甚，仅存二十余字，无法考证。历代所建之经幢，除了纯粹刻《佛顶尊胜陀罗尼经》外，亦有相当部分并刻他经，如《般若波罗密多心经》、《佛说阿弥陀经》、《六门陀罗尼经》、《妙法莲华经》、《大悲咒》等。或兼刻数种陀罗尼，又或并刻多种“真言”，多者七八种，更有甚者超过十种。因此，镇象塔上并刻两经并不出奇。

注释

[1] 黄时沛等修：〔嘉庆〕《东莞县志》，转引自陈伯陶编：〔民国〕《东莞县志》，东莞养和印务局，1921年，卷89页4。

[2] 据东莞博物馆所藏镇象塔拓本之题跋。

[3] 杨豪：《东莞北宋“象塔”发掘记》，广东省博物馆编：《广东文物考古资料选辑》（第二辑），1989年，页195。

[4] 据张二果、曾起莘编、杨宝霖点校：〔崇祯〕《东莞县志》（东莞市人民政府办公室，1995年，页942）及〔嘉庆〕《东莞县志》（转引自〔民国〕《东莞县志》卷89页4）整理而成。

[5] 陈伯陶编〔民国〕《东莞县志》，东莞养和印务局，1921年，卷89页6。

[6] 陆增祥：《八琼室金石补正》卷47页1，收入林荣华校编：《石刻史料新编》第一辑第6册，台湾新文丰出版公司，1976年。

[7] 罗福颐：《满洲金石志》卷3页24—25，收入林荣华校编：《石刻史料新编》第一辑第23册，台湾新文丰出版公司，1976年。

[8] 阮元：《两浙金石记》，广陵古籍出版社，1992年，卷3页28。

[9] 中国大百科全书编辑委员会：《中国大百科全书·考古学》，中国大百科全书出版社，1986年，页241。

[10] 该拓本为东莞市博物馆所藏。

[11] 刘淑芬：《经幢的形制、性质和来源——经幢研究之二》（以下简称《经幢的形制、性质和来源》）《中央研究院历史语言研究所集刊》第六十八本第三分，1997年9月，页691。

[12] 波利译：《佛顶尊胜陀罗尼经》，大正一切

经刊行会编：《大正新修大藏经·密教部 二》第19卷（以下简称“《大正藏》卷19”），台北佛陀教育基金会出版部，1990年，页351。
[13] 志静：《佛顶尊胜陀罗尼经序》，《大正藏》卷19页349。
[14] 沙曼彦悰：《佛顶最胜陀罗尼经序》，《大正藏》卷19页355。
[15] 波利译《佛顶尊胜陀罗尼经》，《大正藏》卷19页350—351。
[16] 波利译《佛顶尊胜陀罗尼经》，《大正藏》卷19页351。
[17] 即指“于幢等上或见或与相近，其影映身；或风吹陀罗尼上幢等上尘落在身上，天帝，彼诸众生所有罪业，应堕恶道、地狱、畜生、阎罗王界、饿鬼界、阿修罗身恶道之苦，皆悉不受，亦不为众罪垢染污。”见《大正藏》卷19页351。
[18] 其生平可参见陈伯陶编〔民国〕《东莞县志》，东莞养和印务局，1921年，卷68页7－8。
[19] 张氏拓本详见陈伯陶编〔民国〕《东莞县志》，东莞养和印务局，1921年，卷89页2—3。
[20] 中国社科院历史研究所、中国敦煌吐鲁番学会、英国国家图书馆、伦敦大学亚非学院编《英藏敦煌文献》第六册，四川人民出版社，1992年，页53。转引自刘淑芬：《经幢的形制、性质和来源》，页661。
[21] 陈棨仁：《闽中金石略》，上海中华书局，1934年，卷3页16。转引自刘淑芬《经幢的形制、性质和来源》页660。
[22] 武彻：《加句灵验佛顶尊胜陀罗尼记》，《大正藏》卷19页387。
[23] 唐龟兹国僧若那译：《佛顶尊胜陀罗尼真言》，《大正藏》卷19页389。
[24] 此材料参见刘淑芬：《〈佛顶尊胜陀罗尼经〉与唐代尊胜经幢的建立——经幢研究之一》，《中央研究院历史语言研究所集刊》，第六十七本第一分，1996年3月，页160。
[25] 刘淑芬：《经幢的形制、性质和来源》，页658—659。
[26] 赞宁撰、范祥雍点校《宋高僧传》（下），中华书局，1987年，页711。

（作者单位：东莞市博物馆）

从两方却金碑刻解读明代东莞商贸经济

吴建华　杨晓东

碑刻资料是传统文献的一种，它所反映的内容往往是当时社会经济文化生活等方面的真实写照。因此，碑刻资料向来为不同领域的研究者所重视。本文所论及的两方碑刻乃指《却金坊记》和《却金亭碑记》。在资料查找的过程中，我们发现对两方碑刻所载内容进行研究的文章极少，仅有的两三篇文章，也多为介绍两方碑刻的来龙去脉，最多用三言两语提及它们是研究中外贸易、中泰友好、廉政建设的第一手资料。[1]我们试图从《却金坊记》和《却金亭碑记》两块碑刻所记载的有关内容，来解读明代东莞的商品经济和外贸经济，这就是我们撰写本文的目的所在。

一　两方却金碑刻折射出明代东莞商品经济的繁荣

题文中的两方碑刻，一方指的是《却金坊记》，该碑为明朝却金坊碑刻，由东莞人王希文撰文，嘉靖二十年（1541）立碑。坊虽被毁，但碑刻完整，现存于东莞市博物馆，碑文则被收入王希文的《石屏公遗集》。另一方指的是原立于莞城外演武场（今莞城光明路教场街口）北侧的《却金亭碑记》。碑文由时任广东监察御史的福建莆田人姚虞所撰，嘉靖二十一年（1542）立石却金亭内。碑亭早已不复存在，但碑石仍立于故处。

这两方碑刻记载的是明朝嘉靖时期，时任番禺令的李恺受命前往东莞处理暹罗番舶来华事宜之后拒收黄金的事迹，故被称为“却金碑”。两方碑刻所载内容在颂扬李恺廉政清明之余，更是记载了当时东莞的商贸情况。例如：

《却金坊记》载：“皇明御宇，万邦攸同。重译颂圣，岛夷献宝。”

所谓“岛夷献宝”，是明朝政府在对外贸易中一贯采取的朝贡政策。朝贡贸易，又称勘合贸易，指海外诸国与明政府间进行的以朝贡为名的有限制的贸易。明政府明文规定：“贡船者，法所许，市舶之所司，乃贸易之公也；海商者，王法之所不许，市舶之所不经，乃贸易之所私也”。[2]

秦汉以来的历代统治者都具有泱泱大国的思想，明朝政府也不例外，认为中国物产丰富，无所不有，无须与外夷互通有无。即使是与之货物互往，也要显示以我为主为强。所以，明政府一方面坚持把贸易归入朝贡体系之中；另一方面，继续奉行“厚往薄来”的政策。明朝规定：“凡贡使至，必厚待其人；私货来，皆倍偿其价。”“岛夷献宝”，一方面表明东莞坚持执行中央政府的朝贡政策，另一个方面也反映了东莞商贸经济的繁荣。因为朝贡贸易就是通过两国官方使节的往返，以礼物赠答进行交换的贸易方式。在中国古代，每一次官方使节的往返都伴随着礼物的“交易”。按照“厚往薄来”的指导思想，如果东莞的商贸经济既不繁荣，又无地方特色，又怎能做到“厚往薄来”呢？有何能使岛夷满载而归呢？更何况“有来无往，非礼也”是中华民族的传统美德。因此，“岛夷献宝”从一个侧面反映出东莞商贸经济的繁荣。

《却金坊记》载：“虽诸番称贡，先验剖符，官给钞易，而暹罗爪哇，实则蠲之。法久弊萌，律愈严而奸愈巧。间或闭或通，闭则隘悬，通则失体，夫名以贡来，而实以私附，不责其非专，而且资之贸易，得其物不足以菽粟，而吾民且膏血焉。”

《却金亭碑记》亦载：“嘉靖戊戌岁，暹罗国人柰治鸦看等到港，有国王文引，自以货物亲附中国而求贸易。有司时而抽分之，是亦抑逐末以宽农征之意也。其来在昔，无论今日，得抽分之委，世所染指。”

这两段文字都记载了同一个事实，即明朝政府对毗邻中国的暹罗、爪哇诸国实行睦邻友好政策，对其随进贡商船来华贸易的商品予以免税。

随着暹罗、爪哇诸国随进贡来华贸易的商船愈来愈多，广东市舶司竟然“封船抽分”，这些现象说明了什么问题呢?

第一，有“百利无一害”是促使暹罗、爪哇诸国来华商船日益增多的巨大原动力。

第二，明代中叶以降，东莞官场日益腐败，中央政令无法得到全面贯彻执行。

第三，即使广东市舶司对东南亚诸国的商船实行封船抽分，征收进口关税，但来华商船仍络绎不绝，此乃反证了东莞商品经济和外贸经济确实比一般的地方繁荣。否则，为什么宁愿抽分，也要来东莞贸易呢? 以致明政府不得不下令调有政声的南海知县李恺负责东莞进口商船的关税工作。

第四，“有司时而抽分之，是亦抑逐末以宽农征之意也”，从另一个侧面证实了东莞商贸经济的繁荣，以致影响了农业发展的事实。所以，政府不得不采取抽分的方式，来驱使人们回到田间去。

二　两方却金碑刻反映出明代东莞外贸经济的繁盛

明代商税主要包括市税、关税和舶税三种。舶税，即明政府对来华船只所载货物开征的税收。

明初至正德的140年间，政府对各国舶货免征舶税。史载“（广东）布政司案查得，正统年间以迄弘治，节年俱无抽分”。[3]正德年间（1506–1521）广东地方当局力图开放市舶贸易，征税以裕财政。

正德四年（1509），广东市舶司实行抽分制。史称：“惟正德四年，该（广东）镇巡等官都御史陈金等题，将暹罗、满剌加国并吉阐国夷船货物俱以十抽三。”[4]这显然是对外国船只进口货物征收30%的进口税。

然而好景不长，后因广东参议陈伯献进奏反对，朝廷复令“禁约番船，非贡期而至者，即阻回，不得抽分”。[5]

正德十二年（1517），陈金和副使与吴廷举重申抽分制，得户部批准，将税率改为20%。史称：“旧制……其番商私齎货物人为易市者，舟至水次。悉封籍之，抽其十二”。[6]以后这种税率就形成了制度。

嘉靖元年（1522）发生的宁波“争贡之役”，不仅迫使政府严申海禁，抽分也随之流产。尽管在嘉靖时期（1522–1566）“抽分”仍未光明正大地被允许，但“抽分”现象的存在却是不争的事实。这从两方却金碑刻所载资料中不难看出。

《却金坊记》载“爰有榷征，□志量衡，易官互诘，课三之一，余许贸迁，丛委兑交，供亿顿烦，利害均焉”。

《却金亭碑记》载“有司时而抽分之，是亦抑逐末以宽农征之意也。其来在昔，无论今日，得抽分之委，世所染指。人之得委抽分也”。

可见，广东市舶司对东南亚诸国的商船是实行封船抽分，征收进口关税的。分析两方却金碑刻所载有关抽分资料，我们认为，明代的东莞对外贸易可谓盛极一时。其理由为:

1. 东莞是广东市舶司明令规定泊船之地

宁波“争贡之役”发生后，明政府罢革了福建和浙江二市舶司，仅留广东市舶司。广东市舶司规定来华外国商船不得随意停泊，规定“各国夷船或湾泊新宁广海、望峒，或新会奇潭，香山浪白、蚝镜、十字门，或东莞鸡栖、屯门、虎头门等处海滨，湾泊不一。”[7]鸡栖，今地不详。〔嘉庆〕《新安县志》卷四《山水略》载：“鸡婆山在九龙寨（今香港九龙）东西（略），昔土寇李万荣驻此以掠商船。”鸡栖是否即在其地。屯门，在今香港；虎头门，即虎门。明嘉靖年间的东莞，辖区包括今天的香港和深圳，东莞县城，即今之莞城。鸡栖、屯门、虎头门都是东莞县地。因此，两方却金碑刻所记载的“抽分”，不仅指的是明政府对外关税的变化，实乃是包括东莞在内的关税变化。

2. 东莞湾泊是对外贸易的集散地

东莞湾泊堆积如山的珠宝珍奇，香料异物，不仅吸引了商贾云集于此获大赢利，而且船舶蚁聚也令广东市舶司决定对外国商船实行抽分，从中分得一杯羹。它从反面证实了其时的东莞对外贸易的繁盛。如果东莞湾泊外国商船甚少，即使“课三之一”，钱额也不会太多，实在没有必要。如果抽分数额较少，明政府也不会专调有政绩的南海知县李恺赴东莞，负责进口商船关税的事情。若不如此，怎会有李恺根据明政府既往政策，重申“不封船，不抽盘，责令自报其数而验之，无额取，严禁人役，毋得骚扰”的主张，又怎会有暹罗首领柰治鸦看“以百金”献李恺，李恺不受的故事发生呢？

总之，两方却金碑刻所载的“抽分”资料，一方面反映了明代东莞对外贸易经济的繁盛，另一个方面也意味着明政府贡舶贸易政策已发生动摇，预示着贡舶贸易走向衰亡。尤其是从抽分实物税到征收货币税，这可以说是中国关税制度的重大进步，它表明明代中期后，随着商舶贸易的发展，具有近代性质的关税也开始露其倪端了。

三　明代东莞商品外贸经济发展繁荣的基础

明代东莞商贸经济的发展繁荣非无源之水，无本之木。它是以商品性农业和手工业生产的高度发展为基础的。换句话说，就是商品性农业和手工业生产的高度发展，导致了明代东莞商贸经济的发展和繁荣。

第一，商品性农业

东莞地处珠江三角洲，明代的珠江三角洲是广东农业生产最发达的地区。在粮食生产发展的基础上，商品性农业出现了。

池塘养鱼业。明初的养鱼业以自给性生产为主，当时，饲养鳙、鲢、鲩、鲮四大家鱼已经普遍化。由于养渔业的发展，早在洪武十年（1377），对东莞的田赋中，就按田、地、塘来排列征税了。万历九年（1581），三角洲各县有税鱼塘面积已达159828亩，其中东莞县有32659亩。[8]虽然我们无法找到嘉靖年间东莞鱼塘面积的记载，然而，万历年间的鱼塘面积无疑是在嘉靖基础上发展起来的。

甘蔗是商品性农作物，明代已经在珠江三角洲广为种植，甚至达到了“连岗接埠，一望丛岩芦苇然”的程度，而“番禺、东莞、增城糖居十之四，……蔗田几与禾田等矣”。[9]以东莞县石龙乡为例，石龙乡已是“千亩潮蔗”；篁村、河田一带则是“白紫二蔗，动连千顷”。[10]这样大规模地种植甘蔗，显然是把甘蔗当作商品生产来经营的。事实上，明中叶以后，珠江三角洲的甘蔗和蔗糖已经是“天下所资”的商品，具有全国性的商品意义。

由于经济作物利润较大，人们弃膏腴沃壤将其变为果木之场，结果粮食作物的种植面积不断缩小。这种经济作物种植侵占粮食种植面积的事实，也表现在东莞的商业性农业种植中。如东莞县甘蔗种植侵占农田，出现了“蔗田几与稻田等”的现象，甚至“有弃稻田”而种果树者。又如，以东莞为中心的种香，以九江为中心的养蚕、以新会为中心的蒲葵等专业区不断出现。这种情况加上城镇非农业人口的大量增加，使东莞从嘉靖以后，出现了缺粮的端倪。郭起元在《论闽省务本节用疏》中提到：“广东地广人稠，专仰给广西之米。在广本地之人，性知贪射重利，将土地多种龙眼、甘蔗、烟叶、青靛之属，以致民富而米少。”[11]粮食成为了商品，出现了从广西、湖南等地贩米来广东的大批米商。

商品性农业的发展引起了区域、部门之间的交换，引起农业和手工业之间的交换，从而促进了东莞商品交换和商业资本的活跃，使得东莞商业和商业资本的发展呈现出良好势头。

手工业生产。明代珠江三角洲的手工业是广东最大的手工业基地。如东莞的织布、爆竹和制糖业；佛山的冶铸和陶瓷业；广州和新会的造船等，已经逐步成为专门化的手工业部门，在经济地理的分工中具有重大的意义。

以制糖业为例。东莞各个墟市以至大的村落，都设置“糖寮”榨糖，东莞县更有许多大的“糖寮”。据《南越笔记》记载，“上农”常一家设置糖寮一所，“中农”五家，“下农”八家或十家合办一所。至于土糖寮更是遍地开花。榨糖技术也由“人碓捣烂”法发展为使用牛力牵引的木制两棍式压榨机（糖车）[12]。这种糖车制造相当进步。宋应星记述：“凡造糖车，制用横板二片，长五尺，厚五寸，阔二尺，两头凿眼安柱，上笋出少许，下笋出板二、三尺，埋筑土内，使安稳不摇。上板中凿二眼，　并列巨轴两根（木用至坚重者）。轴木大六尺围方妙，两轴一丈三尺，一丈四尺五寸。其长者出笋安犁担，担用屈木，长一丈五尺，以便驾牛团转走。轴上凿齿，分配雌雄；其合缝处，须直而圆，　圆而缝合。夹蔗于中，一轧而过，与棉花赶车同义”。[13]用这种糖车榨糖，大大提高了生产率。每年“冬至而榨，榨至清明而毕”。这段时期，“遍诸村岗垄皆闻戛糖之声”。而且几乎是“糖户家家晒糖，以漏滴去水，仓囤贮之”。[14]各地糖寮所制之糖有：黑片糖、赤砂糖、白砂糖、冰糖等。这些糖既有就近市场销售，也有外地商人收购运往外省、外国贸易。当时最白的糖远销东西二洋，称之为“洋糖”。手工业的普遍发展，为市场繁荣提供了物质条件。

东莞的手工业产品销售到国内外市场，其粮食和手工业所需要原料又需要供给省内外各地，两者互相作用的结果，必然使东莞的商业繁荣，商人活跃，商业资本发达。

东莞河道密集，主要河流有东江、石马河、寒溪水。明代东莞陆路的不断开辟，使得东莞水陆交通十分便利，畅通省内外和国内外，为商品经济大发展提供了重要条件。尤其是东莞鸡栖、屯门、虎头门等处海滨，是广东市舶司规定来华外国商船停泊的舶湾，客观上为东莞的对外贸易提供了有利的条件。嘉靖元年（1522）以后，广州成为全国对外贸易的唯一大港，使得离广州咫尺之遥的东莞，近水楼台先得月，海外贸易在商品性农业和手工业生产高度发展的基础上自然而然地繁盛起来。

可见，明代东莞商品经济和外贸经济的发展是以商品性农业和手工业生产的高度发展为基础的。

注 释

[1]《流芳千古却金碑》，东莞阳光网（http://www.sun0769.com）。

[2] 邓钟:《筹海重编》。

[3] 黄佐：《嘉靖广东通志》卷66《外夷三》。

[4] 黄佐：《嘉靖广东通志》卷66《外夷三》。

[5]《明武宗实录》卷113。

[6] 黄佐：《嘉靖广东通志》卷66《外夷三》。

[7]《嘉靖广东通志》卷66《外志·夷情》上《泊有定所》。

[8]《珠江三角洲农业志》（三），佛山革命委员会，1976年。

[9] 屈大均：《广东新语》卷27《草语》。

[10] 屈大均：《广东新语》卷2《地语》。

[11] 史澄、李光廷：《光绪广州府志》卷2《训典二》。

[12] 汪永瑞：《康熙新修广州府志》卷10《物产》。

[13] 宋应星：《天工开物》卷上《甘嗜》。

[14] 屈大均：《广东新语》卷14《食语》。

（作者单位：吴建华　广东商学院旅游学院
杨晓东　广东省东莞市博物馆）

东莞市博物馆现藏石质类文物保存状况的调查

朱铁权　朱明敏　刘睿

东莞市博物馆现藏的石质类文物主要包括碑刻与建筑构件。经调查，这些文物都不同程度地发生了病变，包括锈斑、沉积物、霉斑、裂隙、酥粉、剥落、断裂以及人为不适当的修复等，急需进行清洗、粘接、加固、补缺等保护处理。

1 前言

石器的出现与使用，开始了人类历史上漫长的石器时代，并且很大程度上推动了人类社会的发展。进入青铜时代之后，随着各种金属器物的相继出现，石器的使用相对减少，但石制品在人们生活中却始终占有十分重要的地位，如：石刻、石雕、石质建筑构件、石窟寺等。这些石质类文物把大自然与人类的社会活动完美地结合在一起，是研究古代人类社会的政治、经济、文化、艺术和生产生活等方面的珍贵实物资料[1]。

东莞市博物馆是一所综合性博物馆，其现藏的石质类文物中，主要包括碑刻与建筑构件，其年代范围为南汉至民国时期。由于材质本身的老化以及保存环境中的不利因素，如今大量石质类文物都不同程度地发生了病变。2008年6月，我们有幸受到东莞市博物馆邀请，并与馆内文物保护人员一起对这些石质类文物的病害种类与病害程度做了系统的调查。

2 调查对象的背景信息

鉴于诸多条件的限制，我们无法对馆内现藏的所有石质类文物进行一一调查，于是选择了22件在年代、材质及其保存环境上都具有代表性的石质文物作为本次调查的主要对象，其具体信息如表1所示：

表1 石质文物的编号及其背景信息

编号	文物名称	石材	保存环境
1	“奉天承运”碑	花岗岩	露天
2	“坊”字长条形石	花岗岩	露天
3	无名碑	花岗岩	露天
4	东莞县学记碑	板岩	露天
5	明封征仕郎刑科给事中松雪钟公墓碑	板岩	馆藏
6	明故中宪大夫山东按察司副使越桥钱公暨配宜夫人陈氏合葬墓表	板岩	露天
7	明故中宪大夫山东按察司副使越桥钱公暨配宜夫人陈氏合葬墓志铭	板岩	露天
8	张氏增创祠堂记碑	板岩	露天
9	东莞县重建儒学记碑	板岩	露天
10	孔庙经成记碑	板岩	露天

续表1

编号	文物名称	石材	保存环境
11	赠中宪大夫都察院右佥都御史罗公圹墓铭	石灰岩	半露天*
12	明处士云隐卢公孺人何氏墓碑	石灰岩	半露天
13	张氏祠堂记碑	石灰岩	露天
14	讷庵处士何公墓志铭	石灰岩	半露天
15	明封征仕郎刑科给事中松雪钟公墓志铭	石灰岩	半露天
16	石经幢	石灰岩	馆藏
17	华表底座	红砂岩	露天
18	方形石构件（2块）	红砂岩	露天
19	方形石构件（3块）	红砂岩	露天
20	“同归”	红砂岩	露天
21	石构件（华表顶部、腰部）	红砂岩	露天
22	石构件	红砂岩	馆藏

3 调查结果与讨论

文物病害的发生总是由内因（文物本体的化学组成、物理结构等）和外因（即保存环境因素，如风、雨水、温湿度变化等）来共同决定的，并且文物保存现状的好坏程度也同样受以上两个因素的影响。表2是22件石质文物具体的病变特征描述。

此外，为了更加清楚地说明不同石质文物的保存状况，结合上述二表，我们按照石质文物的材质，对其病害种类与病害程度进行分类讨论。

此外，为了更加清楚地说明不同石质文物的保存状况，结合上述二表，我们按照石质文物的材质，对其病害种类与病害程度进行分类讨论。

表2　22件石质类文物的保存现状

编号	保存现状描述
1	石碑通体有黑白斑点，局部散布有若干黑褐、褐色锈迹，碑身右侧面有多处白色钙质结壳。
2	石碑通体有黑白麻点，局部有白色沙质结壳，并在这种沙质结壳上多有苔藓以及苔藓死亡后留下来的黑色霉斑。
3	石碑通体泛暗绿色，碑身侧面下部有一处红褐色锈迹，大小为2-3cm，碑身右上角有一处结壳，大小3cm，左下角有一处白色结壳，大小3-4cm。
4	石碑通体淡绿色，碑身左上角有红褐色锈迹，大小为5-6cm，方形，碑身满布砍凿型孔洞。
5	石碑通体青灰色，表面微泛绿，左上角有砖红色斑迹。碑身断裂成4大块，若干小块。
6	石碑通体呈青灰色，微泛紫，碑身中部有条状砖青色痕迹；距底部19cm，有长10cm、宽1.5cm浅黄条状痕迹；碑身左侧边沿下部有一处环状锈迹，大小为1cm；碑身上半部中间有长56cm条状痕迹。碑身边沿有脱落现象，右上部有长32cm、深度为1-2cm的裂缝。
7	石碑通体呈青灰色，微泛紫红，碑身中下部呈条状砖青色，碑额有5处白色痕迹，大小1-3cm；碑身中部有2处红褐色锈迹，长10cm，宽5cm；碑身右侧边沿有一长34cm、宽0.5cm的橙红色痕迹。碑身上部中间有长80cm、深3cm裂缝，右侧距底46cm处有长30cm、深1cm裂缝。
8	石碑通体呈灰白，从碑身中部断裂成两块。
9	石碑通体呈黑灰色，右下角局部颜色泛白，碑身通体有青灰水痕；碑底有一圆形块状浅褐色锈斑，大小为5cm；碑身右下角有白色条状痕迹。碑身右侧底部有青苔，分布范围为长40cm、宽9cm范围，左下侧也有青苔，分布范围为长10cm、宽9cm。右侧中部有3处中间为乳白色，四周为砖青色的斑迹，大小为3-5 cm。碑身四侧分布有若干处白色钙质结壳，碑身右半边分布大量砍凿型孔洞。距底部36cm处，有4条表面裂缝，深度很浅。
10	石碑通体呈黑色，微泛紫红，碑面满布砍凿型孔洞。
11	石碑通体呈青色，碑身右下角长有绿色酶斑。碑体断裂成大小不等的4小块，左上角缺失一小部分。
12	石碑通体呈青灰色，碑面四周有白色沉积物，且有多块片状剥落。碑体断裂成两大块，一小块。

续表2

编号	保存现状描述
13	石碑通体为灰白色，局部黑色，碑身表面有多处黑色水迹，表面有多处黑褐色沉积物。碑体从中间段裂成两段，顶部有长60-70cm裂缝。
14	石碑通体为砖青色，碑面分布有许多黄褐色、点状硬质沉积物。碑身断裂成四块，右下角缺失，断裂处也有多处缺失。
15	石碑通体呈青灰色，碑体右下侧有长7cm、宽5cm椭圆形状棕青色锈迹；右侧边沿有长5cm、宽3-4cm椭圆形状乳白色痕迹。碑面散布有少数刮痕。
16	器物以淡黄色为主，局部泛红色，整体粉化严重，大部有片状剥落，使得多数刻字已无法辨认；经幢顶部、中部和底座有多处采用水泥砂浆粘接。
17	器物通体呈暗红色，局部泛绿。座底面布满绿色苔藓和黑色酶斑，局部有白色沉积物，座面有多处蜂窝状孔洞，碑体有一处裂缝，垂直贯穿10cm。
18	器物通体呈暗红色，局部泛白，表面有绿色苔藓和深绿色酶瘢，局部有白色钙质沉积物。
19	器物通体呈暗红色，局部泛绿。表面有绿色苔藓和深绿色酶瘢，侧面酶斑起翘、脱落现象。
20	器物通体呈淡红色，局部为绿色，碑面、碑身侧面有较大面积的绿色酶斑，有些地方酶斑还有起翘脱落现象。
21	器物通体呈暗红色，多处布满绿色苔藓。器身有多处块状、片状剥落处。
22	器物通体呈砖红色，通体有较厚的灰尘、泥土沉积。

3.1 石灰岩类

在调查的对象中，编号11-16的文物均属石灰岩材质。这些石质文物大多呈青灰色，有的呈灰白色，这主要与其中铁（Fe）和有机物的含量有关；有些碑刻的表面出现有黑色沉积物、黄色的垢结物（图1，图2，图6）；有些碑刻表面酥粉较为严重，致使许多文字模糊不清（图3）；也有些石刻的表面已出现层状脱落、裂隙、断裂、砍凿痕等现象（图4，图5，图7）。众所周知，石灰岩由结晶细小的方解石组成，并含有少量白云石，粘土、菱镁矿及石膏等混入物。方解石其重要成分为$CaCO_3$，在酸性条件下，极易发生分解反应（$CaCO_3+2H^+ \rightarrow Ca^{2+}+CO_2+H_2O$）[2]，而现今很多石灰岩类文物依然处于露天或者半露天的保存环境中，这样空气的有害性气体（CO_2，SO_2，NO_2等）以及酸雨将会加速对它们的腐蚀。图8是石经幢（编号16）的局部照片，其表面的酥粉、层状剥落、裂隙、缺失较为严重，照片中可以看到，经幢顶部曾用水泥对其进行修复过，水泥虽然具有一定的粘结与加固作用，但是水泥本身含有大量的可溶盐，且容易吸收空气中的水分，导致石质文物内部可溶盐溶解与重结晶过程加剧，不利于其保存。

3.2 板岩类

板岩属于浅变质岩的一种，由粘土质、粉砂质沉积岩或中酸性凝灰质岩石、沉凝灰岩经轻微变质作用形成，其外观黑色或灰黑色，岩性致密，板状劈理发育，具有细腻坚实的特征[3]。在调查的对象中，编号4-10，均属板岩类碑刻。碑刻均通体呈灰黑色，大多局部泛红、泛紫，这些碑刻的病变主要包括：青色斑状的沉积物、条状褐红色铁锈长痕、严重的断裂、缺失以及砍凿痕等（图9-12）。

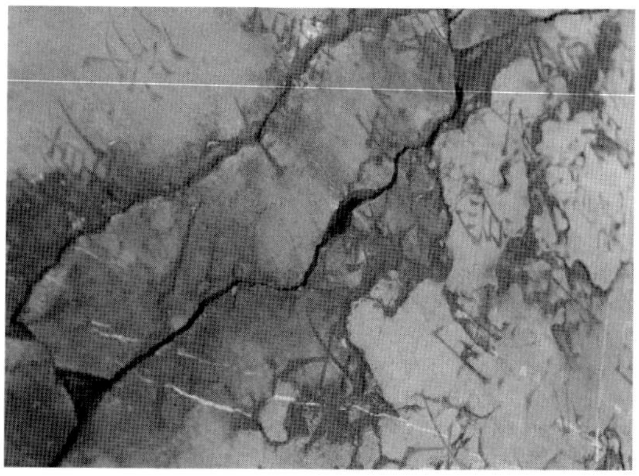

图1 黑色沉积物与表面裂隙

图2 黄色斑点状垢结物

图3 表面酥粉

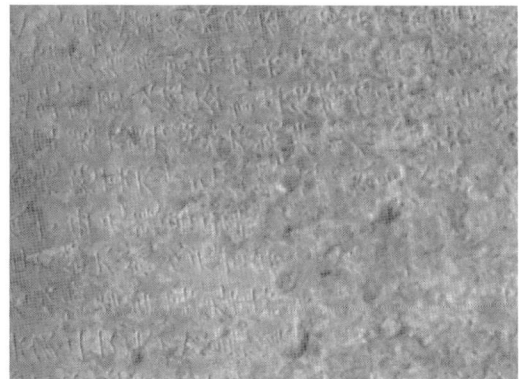

图4 层状剥落

图5 整体断裂

图6 氧化铁的锈蚀物

图7 坑洼状的砍凿痕

图8 石经幢顶部水粘合材料

3.3 红砂岩类

砂岩是最常见的一类沉积岩。由于粒径的不同还可以分为粗砂岩、中砂岩、细砂岩与粉砂岩几种。砂岩交结物的含量与性质均有较大的差别。常见胶结物为二氧化硅，但同时也会有碳酸钙、粘土、氧化铁、硫酸钙等物质，外观的颜色，会因胶结物的不同，而有所差异[4]。在调查对象中，编号17－22，均属砂岩建筑构件，其大多颜色为铁红色，有一个外观颜色为橘黄。多数建筑构件都有不同程度的裂隙、裂缝，严重者已从本体脱落（图13，图14）；此外，绿色苔藓以及黑色的酶斑在这些砂岩建筑构件中亦多常见（图15，图16）。由于砂岩的孔隙度较大，容易吸收并保留住水分，加上砂岩岩体内的胶结物中富含苔藓和霉菌所需的矿物营养成分（铁、钙、镁等），所以，在岭南地区这种高温高湿的环境条件下，苔藓和霉菌在砂岩上极易滋生，这些生物的生长不仅极大地影响了砂岩类文物的外观，还会在新陈代谢过程中分泌出有机酸，从而进一步侵蚀砂岩岩体。因此，砂岩类文物放置在露天或半露天环境中是极不合适的，应当置于较为干燥的室内环境中保存。

图9 表面锈斑

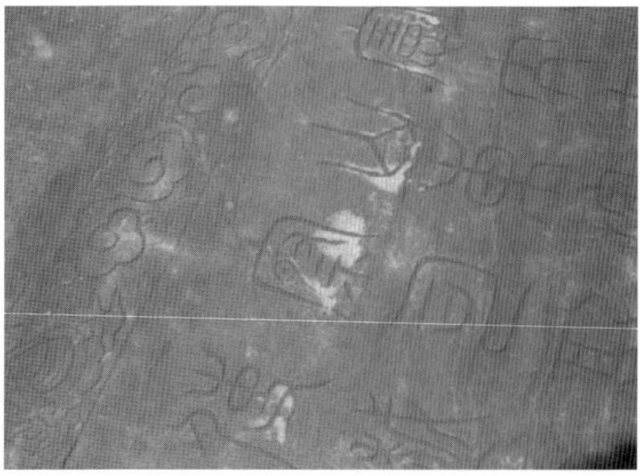

图10 白色沉积物

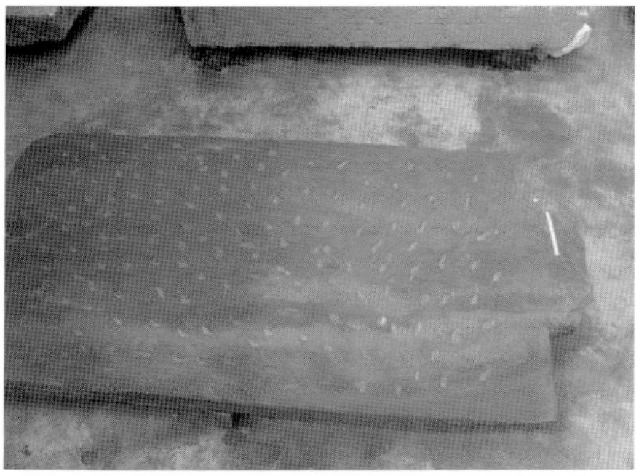

图11 坑洼状的砍凿痕

图12 整体断裂

图 13 表面裂隙

图14 部分缺失

图15 苔藓

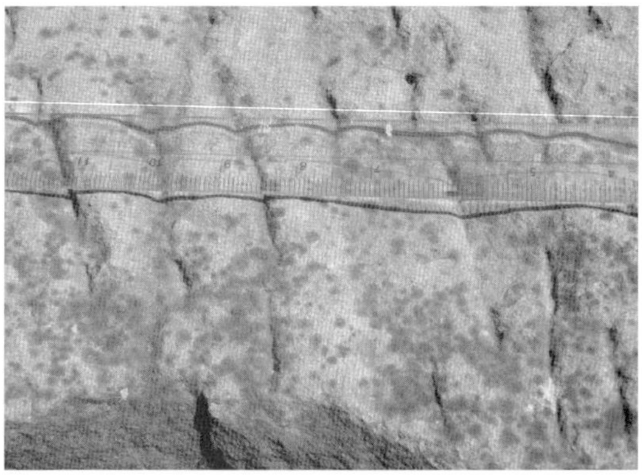

图16 黑色酶斑

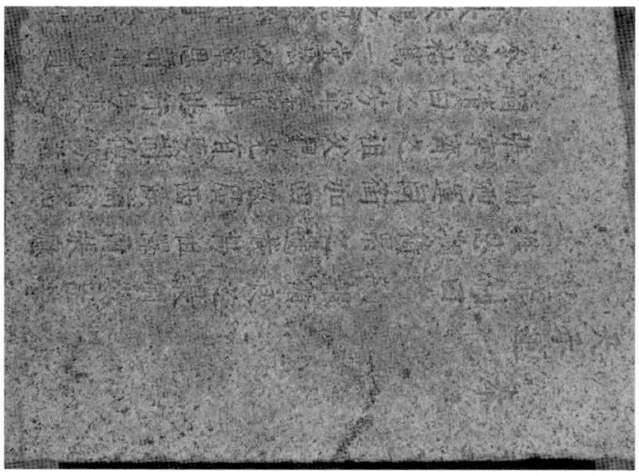

图17 黄色锈斑

图18 白色堆积物

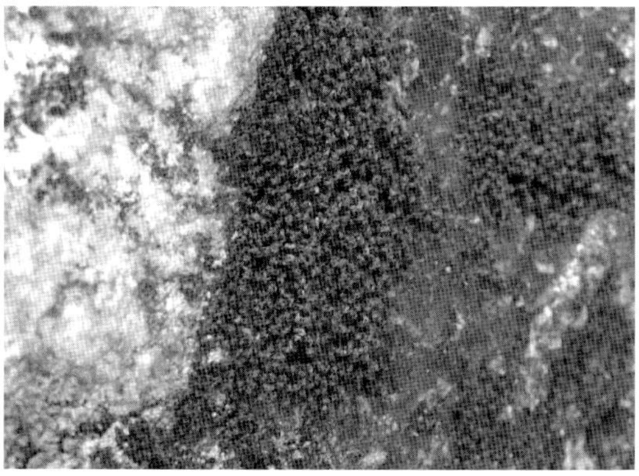

图19 绿色苔藓

图20 黑色败死苔藓残留

3.4 花岗岩类

花岗岩属于岩浆岩的一种，矿物以石英和钾长石为主，其次是黑云母、角闪石、白云母等，具有等粒结构、块状构造。虽然以硅酸盐[长石，K（$AlSi_3O_8$）]为主的花岗岩性质相当稳定，相比其他材质的岩石抵抗腐蚀的能力较高，但在长期的酸化作用下，仍会形成各种碳酸盐和高岭土类，而造成腐蚀。如花岗岩以长石为主要成分即K（$AlSi_3O_8$），在含有CO_2和有机酸等水溶液的作用下，可发生下列化学反应：

$$2K(AlSi_3O_8) + CO_2 + 2H_2O \rightarrow Al2Si_2O_5(OH)_4 + 4SiO_2 + K_2CO_3$$

这样比较坚硬结实的花岗岩（长石），经过CO_2和水作用后，变成可溶性的K_2CO_3和细颗粒状物SiO_2很容易被水带走，而剩下的是一些较为松软的高岭土，花岗岩的质地也自然会变得疏松[5]。

花岗岩的石质构建（编号3）与碑刻（编号1、2），保存相对完好，应当与其材质有关。但调查过程中，这些花岗岩的碑刻与建筑构件表面，表面亦存褐红色锈斑、白色疏松的堆积物，这些堆积物质地疏松，容易储存水分，造成苔藓与霉菌的滋生，霉菌分泌出的有机酸将会对岩体造成潜在的威胁。

4 结论及相关建议

调查表明，东莞市博物馆现藏各种材质的石质文物都不同程度地发生了病变和损坏。从总体上说，在露天或半露天环境下的石质文物保存情况更差。裂隙和断裂现象在绝大多数的石质文物上存在，但不同石材文物的主要病害和损坏程度还是有差异的。石灰岩材质的文物其病害主要表现在酥粉和片状剥落严重，并且容易形成影响文物外观的沉积物；板岩材质的文物在整体上保存较好，但是多有红褐色或是黑褐色的锈斑；红砂岩材质的文物由于其自身的物理化学性质和保存环境的共同作用，保存状况是最差的，不仅存在许多块状、片状剥落现象，还有严重的生物生长破坏；花岗岩材质文物的主要病害表现为局部产生沉积物，由于这些沉积物质地疏松，容易储存水分，会对岩体造成潜在威胁。

因此，为了缓解这些石质文物病害的破坏作用，尽可能地延长文物的寿命，建议尽量营造室内保存环境，并且要优先将砂岩类石质文物移入室内。对于石质文物上影响文物外观的沉积物、锈斑、酶斑应尽快进行去除并清洗；具有酥粉现象和裂隙分布繁密的文物应采用合适化学试剂进行加固以及相应的表面封护处理；对于已经开裂或是有缺失的文物需要采取适当的粘接材料进行粘接和补缺等保护措施。

那么，利用何种方法，何种材料对这批石质类文物进行有效的保护处理？这些碑刻以及建筑构件的石料来源于何地，是本地，还是外地？我们将进一步调查并取样，借助分析仪器及其他自然学科的理论与方法，对其进行全面深入的探讨。

参考文献：

[1] 宋迪生，王蕙贞等．文物与化学[M]．成都：四川教育出版社，1992（10）：185-190.

[2] 徐九华等．地质学[M]．北京：冶金工业出版社，2001（10）：65.

[3] 都城秋穗等．岩石学[M]．北京：科学出版社，1984（8）：199.

[4] 乐昌硕．岩石学[M]．北京：地质出版社，1984（3）：101.

[5] 徐九华等．地质学[M]．北京：冶金工业出版社，2001（10）：54.

（作者单位：中山大学人类学系）

访 碑 录

杨宝霖

碑刻是石头史书，往往可补纸制史书的不足。一个地区的碑刻，是研究区域史的不可或缺的史料。鄙人不揣浅陋，有志于此三十余年。东莞现存的碑刻，虽不敢谓之寻踏遍，但重要的碑刻，多经寓目。我没有摄像机、数码相机之类设备，得到碑文，都是用传统的笨法，拓与抄。拓，细如丝发，也可以拓得出来，拓片是原大。但工夫多，在荒山野岭中，操作不易，摩崖石刻，更觉其难，故择碑文书法佳或有重要历史价值者拓之。一般的，就抄。抄，最难是看清碑文。碑刻多是数百年前物，风雨的磨洗，人为的破坏，字迹漫漶者居多，字与石同一色，辩认为难。为看清碑文，用过很多方法。用鲜树叶擦，用湿布抹，易干，干后字石仍为一色；用粉笔涂，笔画与石花皆白，混淆不清。后来和英国牛津大学汉学家科大伟先生（英国人）一同访碑，学得用面粉敷之，再用布轻轻一扫，字迹尽显，又不伤碑。读碑，我多用此法。

兹将访碑所得，择其重要者录出，以供同好，并藉此引起世人珍视，发掘、保护这一不能再生的文化遗产。

明重修摄东莞尹积斋张公墓志铭

这是鄙人拓的第一块碑刻。1961年，我任教于常平中学。次年四月，到大朗蔡边钟姓一位学生家家访。正事已毕，闲谈中询及当地古迹，钟姓学生以古县山有古墓告。遂央往访之。过莞樟公路，东行越水口村，转向东北，距水口村约一公里，近青鹤湾支流，有一小山冈，就是古县山。山上于荒草荆棘中有一古墓，墓碑仍存，字多模糊，扯野草擦之，其字渐显，碑头横行篆书大字，其文是："明重修摄东莞尹积斋张公墓志铭"，知是宋末元初摄东莞县尹张元吉之墓。返校查〔民国〕《东莞县志》，知宝安县在唐肃宗至德二年（757）迁县城于到涌（今莞城），从此改名东莞。在此之前，宝安县城从城子冈（今深圳南头）迁县城于此，今大朗的保安墟一带是也。二十世纪七十年代之时，保安墟与水口村还有古城墙遗存。我疑心"保安墟"似为"宝安墟"。张元吉之墓所在之山，因紧靠县城，后人于是名"古县山"。

下一个星期天，磨好墨汁，带宣纸及拓印工具，仍请钟姓学生带路并帮手，披荆斩棘，拓得墓碑而归。

碑高60厘米，宽46厘米，25行，行37字。正文叙张元吉一生大事。共691字。

墓主张元吉，字仲甫。莞城外西隅栅口人（栅口，前莞城三中一带），为唐丞相张九龄弟殿中监张九皋之后，东莞如见堂张氏六世祖。碑文载：宋末，张元吉为众推戴，广东当局任为东莞县尉（低县令一级，管全县武装）。张元吉一生做了两件大事。第一，随熊飞起兵抗元，收复广州，兵至南雄。元元帅吕师夔、张荣实率兵度大庾，熊飞退守韶关，巷战死。张元吉遁归东莞，仍摄县尉。第二，当元将张弘范率兵至惠州，声言屠东莞，莞民惊恐。张元吉倾家产命弟张登辰赍千金贿赂张弘范，使东莞不及于难。

张元吉，〔崇祯〕《东莞县志》以下各种《东莞县志》都有传，都不载生卒年，碑文明载"公生于宋淳祐癸卯（淳祐三年，1243）正月十一日，卒于元大德甲辰（大德八年，1304）八月十六日，享年六十二。"

碑文首行下方刻"十五世制侄孙乡进士应申撰并

书篆额”。张应申，篁村人。万历二十五年（1597）举人。〔崇祯〕《东莞县志》卷五《人物传·广录四科·词翰》有传，谓其“涉猎群书，才名与祁衍曾（棠梨涌人）先后并藉。然持酒使气，更肆于祁”。

碑文末署“万历丙午季秋吉旦重修立石”。万历丙午（万历三十四年，1606）距今已四百年了。

《明重修摄东莞尹积斋张公墓志铭》收入《东莞张氏如见堂族谱》卷二十九《正文集》（上），但脱、误、衍有19处，避清讳改字2处，避清讳空缺2处。《东莞张氏如见堂族谱》所载，不足为据。

皇姑坟四碑

南宋皇姑的故事，几百年来，莞人传为美谈，最普遍的一种说法是：北宋末年，金兵南侵，破汴京，掳二帝，皇族星散，有一位皇室之女，流落东莞。有一掌牛仔（牧牛儿）收留了她，共同耕牧，两人成长，结为夫妇。若干年后，这位皇室女之父登基为帝，访得她流落东莞，召她上京。但她不应召。问其由，说：“舍不得东莞的红谷米、锦鳞鱼”。宋帝见她立志已坚，也不勉强，于是赐其十顷良田于东莞。以后其侄即位，封为皇姑。红谷米者，苏子赤也；锦鳞鱼者，塘眼皮也。二物美观而非美食。皇姑的行为，是劳苦大众鄙弃繁华、爱情坚贞的寄托。

我是莞人，从祖母的口中、伯母的口中、姑母的口中，熟知这个故事。1971年1月我调到东莞中学以后，一年两次农忙假，都带学生到石井劳动，在皇姑坟附近割麦、割禾、莳田、收花生，一去半月，食宿均在石井，劳作之余，不免暗中访古（时在“文革”之中，为人察觉，要受批判的），以后拓得皇姑坟四碑归。

（一）明隆庆庚午《宋皇姬赵氏之墓》碑

碑高50厘米，宽36厘米，15行，行18字，提头19字。碑额“宋皇姬赵氏之墓”，篆书。碑文为明成化癸卯（十九年，1483）裔孙廷贞、绍举、挺重刻。隆庆庚午（四年，1570）九世孙柏、十世孙世禄、十一世孙廷璧、十二世孙俊、十三世孙佐等三十八人重修。

碑文云：

姬宋高宗皇帝之女，税院郡马邓公讳惟汲之配。生于绍兴己卯（二十九年，1159）十二月十三日，终于淳祐乙巳（五年，1245）二月初七日，享寿八十有七。明年正月葬于石井狮子岭坤申向之原，郡马别葬于九都佛凹卯乙向之原。（略）宋光宗皇帝原赐祀田十顷，今存其附墓者云。

淳祐六年（1246）正月壬午，孝男林、杞、槐、梓、孝孙炎龙等泣血立石。

成化癸卯（十九年，1483）裔孙廷贞、绍举、挺重刻碑文时，是照皇姑之子林、杞、槐、梓等立石之文重刻，还是另撰碑文重刻呢？碑无明文，核其事迹，殆为后者（详见下文）。

（二）清康熙五十一年《邓氏祖母宋皇姬赵氏墓志铭》碑

碑高52厘米，宽33厘米，19行，行55字，提头56字。碑额篆书“邓氏祖母宋皇姬赵氏墓志铭”，碑文为康熙二十一年（1682）状元浙江德清人蔡升元撰，东莞怀德邓士楫篆额，邓正蒙书丹，康熙五十一年（1712）二月二十五日四大房子孙立石。

碑文有云：

邓氏祖母宋皇姑赵氏乃高宗皇帝之女，孝宗皇帝之姊，光宗皇帝之姑，税院郡马惟汲公之配，赣县令铣公之媳，崇宁进士阳春令符公之玄孙妇，始迁祖承务郎汉黼之八世孙妇也。时值南渡，国难倥偬，赣令公勤王有功，其子惟汲遂得上婚帝室，恩封税院郡马，陛辞归里，许之，以东莞津渡赐为脂粉资，冈山林麓赐为汤沐。姬悉以公之邑人，今邑有山坟而无税者，姬之赐也。孝宗乾道五年，姬又将石碣各处渡船三十又六施入资福寺，以奉香灯。（略）晚年，光宗即位，加恩懿戚，尤膺异教。乃纶音甫及，而姬行年八十，无疾而薨。国师伯韶卜葬于石井狮子岭坤申向之原。长子林，持母手书上光宗，诏称“皇姑”，命官谕葬，并赐祭田，俾守厥祀云。生四子，长曰林，官迪功郎；次曰杞，三曰槐，四曰梓，俱为国舍。孙炎龙再中漕举，官架阁。（略）郡马公先卒，别葬于锦田佛凹山卯向之原。

（三）清康熙五十一年《宋皇姑八世祖妣赵氏之墓》碑

碑高66厘米，宽48厘米，10行，满行34字。中刻“宋皇姑八世祖妣赵氏之墓”11字，每字5×5厘米，居碑之中。碑文通为楷书。碑近中斜向左下角有断裂痕。

碑右细字四行云：

祖妣皇姑赵氏，乃宋高宗皇帝之女，光宗皇帝之姑，税院郡马惟汲公之配。嘉德懿行，详载邑志。原乡锦田，后迁莞城莫家洞。生四子一女。郡马公先卒，别葬乡前佛凹山卯向之原。祖妣后薨，奉旨谕葬石井狮子岭坤申向之原。兹合族卜吉重修，泐石以志不谖。

碑右细字四行云：

男邓林子孙派居龙跃头、北灶、凹下。

邓杞子孙派居石井、壆下、白沙塘。

邓槐子孙派居庄屋村、黎洞、大步头。

邓梓子孙派居锦田厦村。

碑左末行署：

皇清康熙五十一年岁次壬辰二月二十五戊寅日四大房（下缺）。

（四）清康熙二十五年东莞县正堂谕严禁皇姑坟前后左右盗葬碑

碑在皇姑坟附近。碑高50厘米，宽34厘米，12行，行41字，楷书。

缘皇姑坟所在石井狮子岭，为东莞邓氏“税山”，税山，是向政府纳税的坟地，即该地为皇姑坟专用。康熙二十五年（1686）稍前，有萧公序、周奕和、夏侯子太等在石井狮子皇姑坟旁岭盗葬。皇姑后裔邓觐思等向东莞县知县马逢乐控告，萧公序先自迁坟，周奕和、夏侯子太被拘审，于康熙二十五年（1686）五月十三日遵判迁坟。为杜绝盗葬事件发生，邓觐思等请得东莞县知县批准，由邓觐思等将东莞县知县严禁皇姑坟前后左右盗葬之谕刻石立碑。

碑文主要内容是：“示谕远近居民人等知悉：邓觐思等石井狮子岭祖坟税山前后左右毋得擅行盗葬。至于邓姓族内子孙及异姓人等，入有盗卖盗买等弊，许该族众人具控，本县以凭立拿究治如律，决不轻贷。”

碑文末署“康熙二十五年五月十七日示”。

综观上面所录（一）（二）（三）碑，碑文本身前后，碑与碑，碑文与史籍矛盾重重。

1、皇姑生卒于何时？（一）碑（二）碑，相互矛盾

（一）碑载：“生于绍兴己卯（二十九年，1159）十二月十三日，终于淳祐乙巳（五年，1245）二月初七日，享寿八十有七。”（二）碑载：“晚年，光宗即位，加恩懿戚，尤膺异数。乃纶音甫及，而姬行年八十，无疾而薨。”是说光宗即位之时皇姑卒，年八十。（一）碑谓皇姑享年八十有七，（二）碑谓皇姑享年八十，同是墓碑，两碑所载不同。光宗即位于孝宗淳熙十六年（1189）二月，见《宋史·光宗纪》。从淳熙十六年（1189）以（一）碑所载皇姑享年八十七推算，皇姑之生，为徽宗崇宁二年（1103）。高宗生于徽宗大观元年（1107）五月，见《宋史·高宗纪》。则皇姑生后三年，高宗才出世，怎么皇姑是“高宗皇帝之女”呢？以（二）碑所载皇姑享年八十七推算，皇姑之生，为徽宗大观三年（1109），其时高宗三岁，又怎么皇姑是“高宗皇帝之女”呢？

2、皇姑是公主还是郡主

宋代修《新五代史》、《新唐书》的欧阳修，在他的著作《归田录》卷二说：“皇女为公主，其夫必拜驸马都尉，故谓之驸马。宗室女封郡主者，谓其夫为郡马。县主为县马。”（一）（二）（三）碑均谓皇姑之夫邓惟汲封“税院郡马”，皇姑既是“高宗皇帝之女”则其夫邓惟汲应封为驸马；邓惟汲既封“税院郡马”，则其妻皇姑不应是皇帝之女，充其量是皇帝之侄或宗室之女。三碑碑文，都前后矛盾。

（一）碑为隆庆四年（1570）重修，碑文谓“姬宋高宗皇帝之女，税院郡马邓公讳惟汲之配。”有“淳祐六年（1246）正月壬午，孝男林、杞、槐、梓、孝孙炎龙等泣血立石”字样。皇姑是郡主，还是公主？邓惟汲是郡马还是附马？皇姑与邓惟汲之子林、杞、槐、梓是一清二楚的，为何说母是皇帝之女，又说父是“郡马”呢？我怀疑成化十九年（1483）或隆庆四年（1570）重修祖墓碑时嫁名林、杞、槐、梓的。

3、皇姑生年，（一）碑（二）碑抵牾

皇姑之所以下嫁邓惟汲，（二）碑记载十分清楚：“时值南渡，国难倥偬，赣令公（邓铣）勤王有功，其子惟汲遂得上婚帝室。”东莞、香港等地的“五元”《邓氏族谱》均宗其说，〔民国〕《东莞县志》卷三十九《古迹略（三）《冢墓》》引《古今图书集成·职方典》亦采其说。“时值南渡，国难倥偬”，县令需要“勤王”，当指宋高宗即位前后事，时在宋高宗建炎初（1127），见《宋史·高宗纪》，

其时邓惟汲“上婚帝室”，不管皇姑已及婚龄与否，绝非（一）碑所载“（皇姑）生于绍兴己卯二十九年，1159）”。

4、皇姑非孝宗之姊

（二）碑载：宋皇姬赵氏乃“孝宗皇帝之姊”。《宋史·孝宗纪》记孝宗“建炎元年（1127）十月戊寅，生帝于秀州青衫闸之官舍。”宋李心传的《建炎以来系年要录》卷十也载孝宗生于建炎元年十月戊寅，以（一）碑载皇姑“生于绍兴己卯（二十九年，1159）”算，孝宗长于皇姑三十三岁。皇姑怎么会作孝宗皇帝之姊呢？

5、史实是宋高宗无女

《宋史》卷二百四十八《公主》记宋代各帝之女，不管幼殇与否，都详为叙述，没有记高宗有女。高宗无女，可知矣。《建炎以来系年要录》是记宋高宗自即位至退位三十六年的史实，是按年按月按日入录的，举凡国之大事，帝王之起居，大臣之进退，都详为记录。该书卷一百八十二至卷一百八十三是记绍兴二十九年一月至十二月的事，只记高宗生一子，三岁而殇。但没有高宗生女的记载。皇姑坟上三碑所谓皇姑是“高宗之女”，是不确的。

皇姑是南宋初人，皇姑坟上三碑，都是明代中叶至清代初叶之物，两者相距四百至六百年，传闻异词，在所不免。尽管矛盾重重，而皇姑是邓铣之媳，邓惟汲之妻是肯定的，多种《邓氏族谱》均有记载。邓铣字元亮，为东莞、香港“五元”邓氏的一“元”，〔民国〕《东莞县志》有传，其生活年代亦明确，皇姑是南宋初人，则可肯定。邓惟汲封为“税院郡马”，其妻必为宋代皇族，也不容置疑。宋代皇帝宗室之女，就是皇姑。皇姑坟之称，实至名归。皇姑坟是三碑，碑文虽各有参差，但证明皇姑坟是宋墓；皇姑坟上四碑，距今三百年，古碑日少，殊堪宝贵。

1972年春，友人刘绍文先生来访。刘先生原为东莞公安局莞城派出所民警，先母自1951年“民主建政”以后，数十年为街道治保主任、主任（均为义务）。“文革”前，莞城派出所民警经常到我家了解治安情况，自1961年我从广宁县第四中学调回东莞任教之后，就认识了刘绍文，刘先生博古通今，在星期日或寒暑两假，刘先生一到我家，问完街道治安情况，布置完任务以后，就与我论古谈今，颇为投契。“文革”事起，我是“臭老九”，刘被“砸烂公检法”，不知“砸”到哪里去了。隔别数年，一见如故。闲谈中偶及东莞学宫，慨叹1958年被拆除。我谈到1945年至1946年在一小读书时，下午放学较早，经常和同学到学宫摘一种长在石碑旁、地板罅叫“落地生根”植物肉质叶。其叶夹在书中，会生根发芽的。或把薄纸蒙在石碑上，用铅笔磨出字来，拿回学校当字帖临。学宫的碑刻很多，现在哪里去了？刘先生说，他调到看守所几年了，学宫的黄色琉璃瓦盖了监仓，碑刻铺了路面。我得此信息，喜出望外。遂约定时日，前往拓之。

看守所有学宫的碑刻三块，一为《东莞县重建儒学记》碑，一为《东莞县学地租记》碑，一为《东莞县重修文庙儒学记》碑。

《东莞县重建儒学记》碑

碑铺在一条较偏僻的小路上，碑文为明代孝宗弘治间（1488-1505）文渊阁大学士、预参机务（即丞相之职）丘濬所撰。

碑高167厘米，宽87厘米，21行，满行40字，抬头高1或2字，楷书。篆额“东莞县重建儒学记”两字一行，分四行。碑的上部及右边，多捶凿痕，幸捶而未碎。

碑右三行刻：“赐进士第翰林院侍讲学士，兼修国史、经筵官，琼山丘濬撰文”，“昭勇将军、南海卫指挥使翁祯书丹”，“辽府长史奉议大夫、邑人黄结篆盖”。

“书丹”者，就是在碑石上写碑文，刻石工匠按其笔画雕刻。碑石一般黑色，故用朱砂写，故称“书丹”。南海卫，洪武十四年（1381）设，其址在今东莞中学北区西部。此碑书法精整端庄，真想不到出于武将之手。

碑的主要内容，是成化二年（1466）东莞知县范彦理重建东莞学宫的大成殿、两庑、戟门、棂星门、文昌宫、会膳堂、斋庐、庖厨，重修明伦堂、左右两斋、观德亭、五贤祠，重塑孔子、四配、十哲等像。一切建修费用，全由知县范彦理及东莞乡绅赞助，不动官府与百姓一毫。

碑文末署“成化八年壬辰（1472）八月既望，县丞朱瑄山、主簿马善、典史聂佐，督工生员何铢、宁宽，县吏曹福，老人朱恪立。”

碑文开头有一段评论当时东莞的教育，十分重要，引于下：

岭南人才最盛之处，前代首称曲江。在今世，则皆以为无逾东莞者。盖入皇朝以来，逾百年于兹，岭海人士，列官中朝长贰台省者，无几何人，而东莞一邑，独居其多。君子推原所自，咸归重于学校育才之效焉。

（今译：岭南人才最盛的地方，在前代，为首的是曲江，〔如唐代有丞相张九龄、宋代有尚书余靖〕。在当今，人们就都认为没有超过东莞的了。自从入明朝以来，已历百年，在这段时间里，广东的人士，列位于朝廷，任尚书、都御史等重要部门的正职、副职的，没有多少人，但只有东莞一县，占大多数。有道德有学问的人士，推寻出现这种现象的原因，都归结到：重要的是学校育才的效果啊。）

对明代东莞的教育成果的赞扬，出自非莞人的朝廷重臣之口，自有其分量。

《东莞县重建儒学记》碑文收入丘濬的文集，《四库全书》本丘濬的《重编琼台会稿》卷十六有之，但有删略，不及此碑之详。

《东莞县学地租记》碑

碑铺路面，碑被红卫兵“破四旧”捶凿过，真正是遍体鳞伤。幸碑下实结水泥，捶凿不破，拓片中一块块白色的就是。红卫兵锤下幸存，亦异数也。

碑高160厘米，宽84厘米，“东莞县学地租记”篆额，碑文19行，满行45字，抬头高1字，楷书，个别字略近行书。书法佳，流畅，清秀。

碑文内容是：学宫原有学产四处：学宫前鱼塘一口，兴隆桥濒濠屋五十七间，独树村前田四十四亩五分，大阵洲六十亩。俱以租金为学宫“给公费，济贫士。”后有司报省提学官，将独树村前、大阵洲学田租金划归东莞县府所有。学宫月考、会考既繁，经费无丝毫结余，贫士不获济。隆庆三年（1569），东莞县令张镗到学宫研究解决学宫经费。南海卫指挥使建议，演武场（今光明路头一带）旁有隙地，可建屋出租，以租充学宫经费。议既定，县令张镗说：“兴学以养士，吾职也。”遂捐俸金四百两为兴建之费。于是由东莞县丞陈宪规划，派广有仓官（址在原仓前街尾）林文、县中父老濮梅负责兴建。隆庆四年（1570）六月开工。次年正月落成。建成房屋五十七间，每年获租金三十八两。经费有余，以给诸生灯油之费。

碑文末署：“隆庆辛未（五年，1571）秋七月朔日赐进士出身、亚中大夫、奉敕提督湖广四川粮储、贵州布政司、右参政、邑人罗一道撰”。

罗一道（生卒年不详），字贯卿，号中山，迳背人，迁居莞城东门。曾师新塘湛若水。嘉靖二十八年（1549）举人，次年联捷成进士，授刑部主事，时严嵩执政，罗一道不行贿，十余年不得调。严嵩罢相，罗一道迁刑部郎中。任内执法严厉，擢福建按察副使，进右参政，提督湖广四川贵州粮储，革陋规。忤上司，挂冠归。抚按台谏九次举荐，罗一道坚卧不出，年八十四卒。罗一道仕宦五十年，土屋数椽，仅蔽风雨，七都（今虎门镇辖境）有荒田二十亩，岁俭，饘粥不给。

《东莞县重修文庙儒学记》碑

此碑移到看守所后，原铺路面，后移为服刑人洗衣石。因曾为路面，碑的中间磨损严重，文字几乎磨平。

碑高204厘米，宽106厘米，是笔者所见东莞现存诸碑最大的一块。“东莞县重修文庙儒学记”为篆额，文共23行，满行58字，抬头高1字或2字。正楷。

东莞学宫自明世宗嘉靖二十四年（1545），教谕毛羽大修以后，嘉靖二十八年（1549）、嘉靖四十年（1561）、嘉靖四十一年（1562）作部分修葺。到明神宗万历中，已有颓败。万历二十八年（1600），署东莞县令刘复初到学宫参拜孔子，见学宫梁柱不坚，墙垣倾侧，遂有重修之议。议定，原东莞县令翁汝遇上京朝觐还，照刘复初之议筹备，于万历二十八年（1600）十一月兴工，拆大成殿重建，梁柱斗拱用旧木料的，只有十分之一。学宫头门，移为正对文昌星，迁“贤俊通衢”牌坊于贤关以南。尊经阁、进德、修业两斋、启圣祠、乡贤祠、名宦祠等建筑，旧者装饰，朽者更换。又建围墙。万历三十年（1602）完工。费用1500余两，朝廷拨款800两，不足部分由知县翁汝遇捐俸及发动同事、乡绅、士民捐助。

上面所述，是1356字碑文的内容。

文末署“赐同进士出身、文林郎、山西道监察御史、前奉敕巡视三关、巡按湖广福建顺天等府，邑人徐兆魁撰文”。立石于“万历三十二年岁在甲辰季秋谷旦。”

篆额、书丹为庠生尹璋。

碑文中的刘复初，陕西高陵人，万历十一年（1583）进士。翁汝遇，字献甫，浙江仁和人。万历二十六年（1598）进士，次年，授东莞县令，有政声。〔崇祯〕《东莞县志》卷四《官师志·职官表·县令题名》有小传。

作者徐兆魁（1550–1635）字策廷，号海石，鳌峙塘人。万历四年（1576）举人，万历十四年（1586）进士，授行人司行人。万历十九年（1591）考选山西道监察御史，巡视居庸、山海、雁门三关。万历二十四年（1596），巡按福建、顺天等府，历河南道、浙江道道监察御史，太仆寺正卿，都察院右佥都御史巡抚湖广，左副都御史。天启五年（1625）升吏部左侍郎，迁刑部尚书。因忤太监魏忠贤，被削籍（据《徐氏族谱》卷四《明刑部尚书海石公行状》）。

在莞城东门外的东莞学宫，南宋孝宗淳熙十三年（1186）东莞县令王中行始建，至被拆除，历772年，历代留下的碑刻，仅〔民国〕《东莞县志》卷四《建置略》（二）《学宫》所载，存碑34方，至上世纪七十年代，可见者唯此三碑。

张家玉墓碑

1973年，因家访与家长张继先生结交。张先生其时之家在东莞炮竹厂之旁，笔者世居莞城西门，相距仅半里，居址既近，来往益密。其时笔者编撰《张家玉年谱》已近尾声，闲谈中，知张先生是张家玉后代，询及张家玉墓之所在。张先生云，张家玉墓在近厚街，少年时曾随族中长辈挂过纸（莞人谓扫墓为“挂纸”，“挂纸”最早见于宋周去非的《岭外代答》）遂约定日期，寻访张家玉之墓，凡三往，未得。第四次刚好问着一位老农，自谓解放前曾耕过张家玉墓前的祭田，于是带路。

张家玉墓在厚街三屯，在旧莞太公路近厚街3公里东侧不远的山丘中部，墓为明式，墓前200步原有三合土舂筑的华表一对，其一仍存。在一个星期日，请笔者任教的高二学生张旭霖帮手，骑自行车前往拓其墓碑。墓碑深嵌尺余，积泥已埋碑及半。披荆斩棘，挖开积泥，拓印时十分困难，墓碑嵌得又深，位置又低，蹲不是，坐又不是，只有跪着拓得二纸。

刚好忘年交香港文史学者汪宗衍先生正整理出版张家玉的《军中遗稿》，来函垂询张家玉墓之所在，以为张家玉战死于增城，其墓当在增城。笔者遂寄之以张家玉墓碑拓片。汪宗衍先生得拓片甚喜，来函再索两幅，笔者再往拓得再寄。汪先生又来函，谓友人欲得，无以应，再索两张。笔者以为这是宣扬东莞英雄事迹，乐为再拓。前后寄汪宗衍先生共五幅。笔者为之装裱。张家玉墓碑历三百二十余年，碑文剥落，有些字不能辨识，笔者据他书补足，作释文写于背。事隔十二年，有一次拜访广州某学者，某先生出示张家玉墓碑拓片，谓“君为莞人，未必见此墓碑。”笔者翻转背面，自己毛笔释文，宛然在目，两人相视大笑。因为某先生是认得笔者的笔迹的。

张家玉墓碑高52厘米，宽42厘米。碑正中刻“皇明追封增城侯谥文烈张公墓”十三大字，右小字8行，行30字，为张家玉小传。左9行，记有关张家玉墓葬情况。字为正楷。碑文不长，而且重要，全抄于下。（碑文不能辨认者，作□，据屈大均《文烈张公行状》有关之文补足，注于其下）

公讳家玉，字□（玄）子，号□（芷）园，系□（封）增城侯体乾公之长子也。生于万历乙卯年十二月十□（三）日辰□（时）。元配一□□（品侯）夫人彭氏。由崇祯丙子科乡试《易经》中式第□（三）十七名，崇祯癸未科会试中式第一百九名，初授翰林院庶吉士，升兵科给事中兼翰林院侍讲，钦命监军便宜行事，特赐正大光明银印，累升礼兵二部左侍郎。丙戌虏骑入粤，大举义师恢复。丁亥冬十月殉难增城。蒙恩加赠奉天翼运中兴宣猷守正文臣，特进光禄大夫、左国柱、少保兼太子太师武英殿大学士、吏部尚书，追封增城侯谥文烈。己丑年八月十五日奉柩葬于将军岭牛眠冚亥□（向）之原。

永历己丑年八月十五□（日）世□（袭）锦衣卫指挥使加都督府同知胞弟家珍立石。

钦差户部浙江司主事□□□（陈子履）谕祭。

钦差兵部武库司主事□□□（伦凤翔）谕葬。

东莞知县凌玄渠、县丞苏之攒、主簿张联标、典史刘曰藻同督造。

张家玉《怀内》扇面石刻

张家玉《怀内》扇面真迹，原为可园主人张敬修所藏，道光间（1821–1850）篁村张璐摹勒上石，镶嵌于张氏大宗祠壁，张氏大宗祠在今博厦桥隔马路对面西侧，上世纪五十年代以其祠为博厦小学，上世纪七十年代拆建为火力发电厂。约1957年博厦小学修整校舍，将此石刻送东莞博物馆保藏，至今仍藏东莞博物馆。

张敬修《摹刻铁园公画扇跋》云：

明季先文烈铁园公伯仲手迹，遭私史之累，留传遥希。道光间，族人张璐访求清秘，尝借摹文烈公诗扇真迹刊置大宗祠壁，世传称仅见兹。予亦于番禺居家获视铁园公此箑，欣然借归，命侄嘉谟油素双钩，选工上石，将与前刻并署一龛。不特二难竞爽，辉映来兹，凡我同姓之人，有事于此，咸得瞻仰芬泽。吉光片羽，尤觉可珍也已。

同治壬戌八月既望，族裔孙敬修谨跋（《东莞张氏如见堂族谱》卷二十九《正集文》上）

（今译：明朝末年，先文烈公〔张家玉〕、铁园公〔张家玉弟张家珍〕兄弟手迹，遭受文字狱的连累〔张家玉著作，清初列为禁书〕，留传很稀少。道光年间，族人张璐访求珍贵文物，曾借我所藏的文烈公诗扇真迹，摹刻于石，镶嵌在大宗祠的墙壁上，社会上称赞说，文烈公的字迹，只有在这里才能见到。我又在番禺居巢家中看到铁园公这把扇，高兴地借回家，叫侄儿嘉谟用油纸双钩摹印，选择良工刻石，准备和以前刻的文烈公诗扇合为一龛。这样不特兄弟竞秀，辉映将来，而且凡是我同姓的人，在大宗祠里有活动的，都可以瞻仰先辈芬芳的手泽。残存的珍贵文物，更觉得宝贵啊。）

张家珍的画扇石刻不知流落何所，仅有拓本藏东莞市博物馆，扇面所画为兰，扇的周围，广东名家题识殆遍。

张家玉《怀内》扇面石刻，1973年笔者在东莞博物馆拓得。石刻扇面高18厘米，宽51厘米，内书《怀内》诗七绝两首，文曰：

闺中昨日起离愁，杨柳青青送客舟。

今夕凄凉又何处？半帆烟雨楚江秋。

连江风雨雁争飞，目断南天泪满衣。

少妇夜深休闭阁，征人多向梦中归。

《怀内》二首，似

美中社兄政之 弟张家玉

昆侄孙璐谨摹勒石。

张家玉扇面，草书，书法清劲，诗意绵缠。抗清英雄，却柔情似水，正如鲁迅所谓“无情未必真豪杰”也。

张家玉（1615–1647）字玄子，号芷园，万家租村头村人。崇祯十六年（1643）进士，选庶吉士。崇祯十七年（1644）三月十八日，李自成破北京，张家玉在城中，上《陈情书》、《荐人才书》于自成，说明自己可以作农民军的朋友，不能作李自成的臣子，劝自成任用刘宗周、黄道周、史可程、魏学濂等。四月十九日，李自成退出北京，家玉遁归东莞。五月，福王朱由崧即位于南京，改元弘光。弘光元年（1645）正月，朝廷以“从贼”（指张家玉曾上李自成《陈情书》、《荐人才书》）罪逮捕押往南京，为有力者救，得解。五月，南京破。六月，家玉与郑鸿逵，苏观生、黄道周等拥立唐王朱聿键于福州，改元绍武，擢家玉翰林侍讲，旋任兵科给事中，监郑彩军，败清兵于许湾，进左佥都御史，上疏请纳李自成妻高大人、李自成余部李锦、高一功等。不久募兵潮、惠，立武兴营，组织抗清力量。隆武二年（1646）八月，清兵破福建，掳朱聿键于汀州。家玉以人无固志，又乏兵饷，散其兵回莞。清广东巡抚佟养甲以高官劝降，家玉拒之。次年春，起兵道滘，复莞城，转战新安（今深圳市）西乡，复博罗、连平、长宁、龙门等县。十月，围增城，战败，投野塘死，年三十三。著有《名山集》、《燕山吟》、《军中遗稿》等，死后遗稿散失，后人辑有《文烈张公集》。

张家珍（1631–1660）字璩子，号铁园，家玉弟。年十六，从家玉起兵道滘，转斗屡胜，军中号“小飞将”，家玉复长宁、连平时，立功最多。家玉战败死，与总兵陈镇国拥兵数万于龙门，以图恢复。广州再陷，隐于家，筑铁园，折节读书，屈大均、陈恭尹与之游，朱彝尊来莞，曾止其家。年三十卒，有《寒木居诗抄》。

《宝安书院碑记》碑

宝安，1914年之前，宝安就是东莞。据存世六种《东莞县志》记载，境内有山产银，故名宝山（今亦名宝山），宝山所在之县，名宝安。唐肃宗至德二年（757），县城迁至到涌（今莞城旧城区），因在广州之东，又盛产莞草，遂改名东莞。宝安，东莞之古名也。第一本东莞县的县志，名《宝安志》（元陈庚编）；第一本、第二本东莞的诗歌总集，是《宝安诗集》、《宝安诗续集》（明陈琏编、明祁顺编），道光间东莞的诗歌总集，是《宝安诗正》（清邓淳编）。明万历元年（1573）东莞县南部，分出一县叫新安县。1914年，新安县改名宝安县（今深圳市）。从此东莞县与宝安县并列。

宝安书院，康熙二十八年（1689），东莞知县郭文炳于今东莞中学南区南面创建宝安义学。后改名宝安书院。雍正十二年（1734），东莞县沈曾同移建于莞城东正街临街之北。宝安书院历一百九十一年，1926年袁昌善任东莞中学校长时拆除，以其地并入东莞中学（今东莞中学北区正门以西）。宝安书院为东莞培养了大量人才，历届山长（院长）多为粤中名士，如南海张维屏、程乡（今梅州）李黼平、东莞何仁山、何庆修等，最后一届山长是进士万家租（今万江）人尹庆举。

《宝安书院碑记》碑原立在今东莞中学传达室的后墙外，上世纪八十年代初，碑座仍在原处。《宝安书院碑记》碑石，解放后移置莞中小礼堂与教导处之间向西的小通道门口的右方，在一条通向莞中“八家村”、科学馆、北区操场的小水泥路东侧，碑面向上。“文革”期间，劳动多，莞中科学馆一楼四座教室的学生，当扛着锄头到校外劳动之时，必经碑侧，往往在碑上撞锄头。1972年夏，笔者见碑文日渐受损，赶快把碑文拓下来。拓碑之时，刚好原东莞宣传部部长石平、原东莞中学校长郑平伉俪来莞中，路过碑侧，见笔者正蹲着拓碑，驻足观看。笔者抬头一看，见是上级，心里十分害怕，搞这些“四旧”，是犯天条的。想收档，来不及；想躲藏，无可遁形。马上肃立，敬礼。石部长很和气地问：“拓碑师傅，为什么印这个呢？”我更害怕，不敢隐瞒，答道：“我是本校教师。”石部长“啊”了一声，说：“我以为这种传统工艺失传了，原来不绝如缕，好。”我听得一个“好”字，如获大赦，就安心完成我的拓印。

《宝安书院碑记》碑高168厘米，宽87厘米，26行，行48字，提头2字，篆额，碑文正楷。内容记宝安书院迁移建造的经过和书院的建筑结构与规模。碑文有云：

（康熙）五十九年（1720）于令君梓（东莞知县于梓，康熙五十四年〔1715〕至雍正四年〔1726〕在任）更购卫守旧衙，将移书院于此，未及成罢去，（略）乃谋重建于于君所购处，撤去老屋，夷其址，计纵十有三丈，横七丈四尺有奇，前临卫街，后抵社仓，东宝安仓，西温氏宗祠，绳直砥平。审视区域，临街面南，屋三楹，广三丈有六尺，深一丈四尺有五寸。正中设重门，旁则守舍居之，司启闭，次讲堂三间，广如前，深二丈有四尺，颜之曰“正谊明道之堂”。（略）又次为重屋，广亦如之，深如讲堂之数，上供奎宿，颜之曰“文聚楼”。楼之高三寻。（略）楼下先生施绛帐，游焉息焉，诸生所从请益也。两旁翼以席舍，各九室，室广丈有一尺，深如其广加尺者二。东舍西向，颜曰“东斋”，揭横渠（宋理学家张载号横渠）东铭；西舍东向，颜曰“西斋”，揭西铭。诸生矻矻孜孜，可以朝益而暮习也。楼后附墙有轩，其数七，北向，广深称其地之隙，庖廪湢井之属备具焉。周以缭垣，树之薪木，统而仍其名曰“宝安书院”。

末署“文林郎知东莞县事加五级沈曾同撰并书，州同署县丞事龙眠左鹏篆额，典史加二级黄汉文监造。雍正十三年（1735）岁次乙卯四月。”最后有刻石工匠名：南海邓维义、李东华。

碑文作者沈曾同，江苏吴县人。以贡举选为东莞知县，雍正九年（1731）十二月至雍正十三年（1735）在任。（〔民国〕《东莞县志》卷四十二《职官表》[二]）

笔者见建筑物之碑多矣，罕见叙述建筑物的结构与规模如此具体者。

祁顺墓碑（残）

自1968年“复课闹革命”以后，常平中学高中，招收寮步、大朗、黄江、桥头等8个公社的初中学生，我班有五位由寮步中学考上的大岭山学生。我家在莞城，星期六骑自行车回家，由常平绕道大岭山，踩车45公里，顺路家访。沿公路走，路远，往往走小路，在丘陵、村落间穿行，沿途常见古墓。有一次，车过寮步的石龙坑将到大岭山的马蹄岗时，路左遥见荒草矮树间，隐现石人石马，一支华表，露于树杪间，知为古墓。询之农民，谓地名牛眠石。于是下车寻访，果见数墓，很大，墓已毁，墓碑被撬，断砖散乱，于乱砖野草中，觅得残碑一条，扯青草擦而视之，仅有字四行，首行刻“明通奉大夫江西左布政使祁公墓志”，明祁顺墓碑也，大喜。既有四行字的残碑一条，当另有与之相接的残碑。于是四周寻找，在不远之处，找到相接的一大块，以小合大，把两块残碑移合，却不能榫接，中有缺石，幸碑文大致完整。在一个暑假，拓之而归。

残碑高108厘米，宽块52厘米，小块宽22厘米，现存18行又3处半行，行40字，无篆额，碑文楷书，明显是颜体。

碑文详细叙述墓主祁顺的一生。祁顺，现存各种的《广东通志》、《广州府志》、《东莞县志》都有传，而《明通奉大夫江西左布政使祁公墓志》是第一手资料，而且叙及祁顺的家世、生卒年月。碑文为明南京翰林院侍讲学士南昌张元祯撰。

缺去的字，祁顺的《巽川祁先生文集》附录（上）张元祯《明通奉大夫江西左布政使祁公墓志》可补。一处为“川居士其先宋”，一处为：“曾祖以泰祖振宗考秉刚以公贵赠户部员外郎母卢氏”，一处为：“祯同年而契厚者原”。补此36字，则《明通奉大夫江西左布政使祁公墓志》就完整了。

祁顺夫妇诰命碑

拓祁顺墓碑后36年，拓得祁顺夫妇诰命碑。碑刻藏祁顺故乡梨村村委会。原碑立于何处不详。

碑高65厘米，宽62厘米。碑的正中竖刻篆文“敕命”二字，“敕命”两旁刻龙朝太阳纹。下花纹框内刻明宪宗诰命一道，因祁顺任兵部职方清吏司主事（五品官）已久，克慎且勤，特授承德郎。祁顺妻钟氏封为安人。凡政府文书，必正楷。

因诰命为皇帝所颁，故用“奉天承运皇帝敕曰”。诰命末署“成化三年（1467）十二月十七日”。

诰命，相当于后世的委任状，此委任状为皇帝所颁而已。

封建社会“夫荣妻贵”，祁顺为五品官，所以其妻封安人。官员之妻或母为“×”人，是有制度的。明清两代，一、二品为“夫人”，三品为“恭人”，四品为“宜人”，五品为“安人”，六品为“孺人”。

熊飞墓碑

熊飞墓，〔崇祯〕崇祯《东莞县志》卷三《学校志·贤墓》载：“在铜岭下。”以后康熙、雍正、嘉庆等《东莞县志》均沿其说，〔民国〕《东莞县志》卷三十九《古迹略》（三）《冢墓》亦沿其说，但多一句：“国朝同治间邑人何仁山等重修”。1972年，笔者和七八位东莞中学学生组织榴花诗社，经常到榴花塔下活动，榴花塔所在之山，即铜岭也。吟咏之余，大家分头寻访熊飞墓，历时三年，铜岭上上下下寻踏遍，俱不见熊飞墓踪影。有同学吟诗，有“塔上有碑留县令，山中无墓拜英雄”之句（榴花塔塔门之侧有小碑记东莞县长邓庆史重修，碑文为刘品姜撰）。

1975年夏，笔者随莞中语文科组到石碣中学听公开课，课毕，我不随科组回城，步行到渡头，搭横水渡过隔大江对面的榴花村，意图寻找熊飞墓。舟至江心，问撑渡者知熊飞将军墓否？撑渡者遥指左前方说：“对岸有一位妇女掌牛的就是，你去问问她。”舟抵岸，我直找牧牛妇，经她指点，一下子就找到了。原来榴花新村后有很多古墓，其中大而整齐的，多为熊姓，可能就是榴花村熊氏祖茔，熊飞墓就在其中。寻觅三年，一旦得之，喜悦之情，不言可喻。

碑高54厘米，宽36厘米。碑中文字不多，正中大字刻“宋义士花溪讳飞熊公、淑配李氏熊母之墓”。右小字刻“同治六年（1867）十二月吉日”，左下刻“阖邑绅民重建”。

熊飞，《宋史》及现存各种《广东通志》、《广州府志》、《东莞县志》均有传，俱载战死韶关，此熊飞墓，为衣冠冢而已。

熊飞墓碑，知熊飞墓之所在，可供莞人对这位布衣爱国英雄凭吊、悼念。

莞城北门外演武场（又称教场）南，即今莞城光明路教场路口北侧有两块重要碑刻：《却金坊记》碑与《却金亭碑记》碑，两碑记叙明嘉靖十七年（1538），番禺知县李恺“俯临稽舶”的却金之事。笔者在拙文《流芳千古却金碑》中已详为叙述。现在只说访碑。

1973年寒假，笔者和任教班的东莞中学高一学生黎履冰、何惠明、刘仕根、谭志康诸君往拓《却金亭碑记》。碑面全用石灰封住，大概在“文革”初期，当地群众为避“红卫兵”的铁锤，用石灰封住碑面，挂上毛主席像，贴上“永远忠于伟大领袖毛主席”的标语，就成了一块“红”碑，逃过了一劫。时隔七年，石灰有些剥落，字迹隐约可见。我们用水洗，用毛刷子刷，石灰还不能刷除，后来找来几口铁钉，按碑面之字的笔画，一笔一笔的剔除石灰。这样花了一天时间。次日，拓碑时，附近居民和来往人等围观，可能人们厌倦了“破四旧”，只偶尔听见围观的窃窃私语，幸亏无人撕我的纸。

李恺却金之事，笔者在拙文《流芳千古却金碑》中已详为叙述。却金的碑文，有很重要的研究价值，现在把这两块碑文，校以他书，加上标点，分段，一并抄于下，以供研究者参考。

《却金坊记》碑[1]

《却金坊记》，为明代却金坊碑刻，原立于莞城外演武场南（今光明路教场街口北侧），却金坊已毁，原石刻存东莞博物馆。石刻高148厘米，宽68厘米，碑文30行，满行48字，49字不等。篆额，楷书。

赐进士出身、征仕郎、两京刑科给事中王希文撰

赐进士、南京工部屯田清吏司郎中番禺劳绍科书丹

赐进士出身、奉政大夫、礼部祠祭清吏司郎中、进阶朝列大夫五羊毕廷拱篆盖

皇明御宇，万邦攸同。重译颂圣，岛夷献賨[2]。然来之不拒，则伪者日趋，遂窥垄断。爰有榷征，觭志量衡[3]，易官互诘，课三之一，馀许贸迁，丛委兑交，供亿顿烦，利害均焉。

嘉靖戊戌，惠安李抑斋公前宰番禺，俯临稽舶，译究夷状，察其费浩获微，而吾之得不偿失，咸匪永图。乃更制设规，听其自核，敢有诈匿者抵法，则常[4]甫旬日而竣事，又旬而化居。犬羊有知，从臾欣戴[5]，且致私觌，以图报称。公麾之曰：“彼诚夷哉！吾儒有席上之聘，大夫无境外之交，王人耻边氓之德，兹奚其至我？”夷酋柰治鸦看者再恳，再却。乃以百金偕其使柰巴的叩之藩司，欲崇坊以树观。侍御王十竹公判谓“忠信可行于蛮貊，而良心之在诸夷，未尝泯也。”遂不遏其请。行邑署篆[6]吕琼，判中山君[7]，议于濒冲，刻日鼎建。翚飞鳌奠，过者崇瞻。咸谓公能垂不报之德，成不朽之功，而速化不可化之人，其何道也。时公膺召入铨部，亦罔攸闻。既而邑丞祁门李君楫至，首访殊典，久未镌勒，谓文昔叨掖垣，曾疏抑番舶，宜知巅详，属言以昭厥垂，文再拜，逊且揆曰：“夷贡惟常平，法惟公，官廉惟职彰善，树风雅[8]，权德之兼岩谷，其遏能云。况[9]李公政泽，流溢邻封，却金先声，耆腾荒徼，侏儒能言，道口且碑，奚文之赘？无已其崇体之说乎？夫国之体，纪纲也；政之体，本末也：士之体，廉节也；上下之体，名器也。四体立，而万事理矣。自汉武开边[10]，夷贡始入中国。唐监以帅臣。开元，波斯淫巧已极，王处休所谓资忠履信，贻厥将来，确论乎？开宝杭明，崇宁纲运，泉货泄之外境，患滋甚焉。我圣祖监般，著为厉禁[11]，虽诸番称贡，先验剖符，官给钞易，而暹罗爪哇，实则蠲之。法久弊萌，律愈严，而奸愈巧。间或闭或通，闭则隘悬[12]，通则失体。夫名以贡来[13]，而实以私附，不责其[14]非专，而且资之贸易，得其物不足以菽粟，而吾民且膏血焉。业已封赌，而中易其人[15]，夫既任之而复疑之，非可使闻于夷邦也。缙绅名流，猥与衡石[16]而鞭算之．不亦卑乎？

异哉，李公立法[17]，计其大而略其微，获其本而因抑其末。遵复制典，一举而五善集焉。故不拒其来，以示广也；令其自核，以导忠也；不再稽疑，以怀信也；却而不屑，[18]以示威也；惠之不费，治之以不治也。泽广则华尊，纳忠则夷顺，孚信则远柔，威崇则纪立。治而置之，则名正体定而法行，识者于兹一端，已占其为台辅器矣。惟王仁无外，宰相则论道以弘其仁，铨部则为天下得人以行其仁者也。李公小试其道，而化及夷邦[19]，今兹天曹又登庸俊良，俾宇内阴受其赐，阶是而宰均持衡，则斡旋之速[20]，又何如哉？若夫崇坊之举，所以峻其防也[21]。防夷

以杜渐，防民以止趋，防奸以禁慝。使庶僚知所劝且儆焉。此则当道之公，良有司之职也，公奚与焉，又奚御焉。予既为兹说，质之郡伯藩臬诸名公[22]，咸曰："立德立功，纪言纪事，可以备野史矣。"乃登于石。嘉靖二十年岁次辛丑秋七月，东莞县丞祁门李楣谨立。

赐进士第、文林郎、巡按广东、监察御史闽惠安刘会重修[23]。

东莞县知县侯官李文奎重修[24]

万历二十四年吉旦

【霖按】"闽惠安刘会重修""东莞县知县侯官李文奎重修"两行，为万历二十四年（1596）重修却金坊时磨去原刻两行重刻，重刻的两行字距不等，字迹不同，磨痕宛在。并在原碑左边末端加刻"万历二十四年吉旦"一行。

【霖又按】《却金坊记》，东莞存世者有四种：一、石刻碑文本，原石碑立于莞城外教场，今藏东莞市博物馆。二、旧抄本王希文《石屏遗集》卷上收之，题作《却金留芳记》。三、旧抄本〔崇祯〕《东莞县志》本，〔崇祯〕《东莞县志》卷七《艺文四·垂芳》收之，题作《却金留芳记》。四、〔民国〕《东莞县志》本，〔民国〕《东莞县志》卷九十三《金石略》（五）收之，题与石碑文本同。兹以石刻碑文为底本，校以《石屏遗集》、〔崇祯〕《东莞县志》、〔民国〕《东莞县志》本。

《却金亭碑记》有两种：一、石刻碑文本，石碑立于莞城外教场明代原处。二、〔民国〕《东莞县志》本，载〔民国〕《东莞县志》卷九十三《金石略》（五）。今以石刻碑文本校以〔民国〕《东莞县本》。

【校记】

〔1〕却金坊记　《石屏遗集》、〔崇祯〕《东莞县志》均作"却金留芳记"。

〔2〕献赍　《石屏遗集》作"献贡"，"贡"字疑误。

〔3〕量衡　石刻作"量冲"，据《石屏遗集》、〔崇祯〕《东莞县志》、〔民国〕《东莞县志》改。

〔4〕则常　〔崇祯〕《东莞县志》无。

〔5〕欣戴　《石屏遗集》作"欣悦"。

〔6〕署篆　石刻、〔民国〕《东莞县志》作"置篆"。"置篆"误，据《石屏遗集》、《崇祯莞志》改。

〔7〕判中山君　〔崇祯〕《东莞县志》无。

〔8〕风雅　〔崇祯〕《东莞县志》作"风声"。

〔9〕权德之兼岩谷，其遏能云，况　〔崇祯〕《东莞县志》无。

〔10〕汉武　《石屏遗集》、〔崇祯〕《东莞县志》作"洪武"。据下文"唐……开元……崇宁……"，此处作"汉武"，是。

〔11〕厉禁　原碑刻作"属禁"，据《石屏遗集》、〔崇祯〕《东莞县志》、〔民国〕《东莞县志》改。

〔12〕隘悬　原碑漫灭，〔民国〕《东莞县志》二字作空方，据《石屏遗集》、〔崇祯〕《东莞县志》补。

〔13〕名　《石屏遗集》、〔崇祯〕《东莞县志》作"明"。

〔14〕责其　原碑刻"责"字不甚清晰，亦似"贵"，此据〔崇祯〕《东莞县志》。

〔15〕中易其人　前三字，原碑刻漫灭，作空方，兹据《石屏遗集》、〔崇祯〕《东莞县志》补。

〔16〕衡石　原碑刻作"冲石"，依《石屏遗集》、〔崇祯〕《东莞县志》、〔民国〕《东莞县志》补。

〔17〕异哉　原碑刻漫灭，〔民国〕《东莞县志》作空方，据《石屏遗集》、〔崇祯〕《东莞县志》补。

〔18〕不屑　〔民国〕《东莞县志》作"不肖"，误。碑刻、《石屏遗集》、〔崇祯〕《东莞县志》均作"不屑"，是。

〔19〕夷邦　《石屏遗集》作"蛮邦"。全文均用"夷"字，未用"蛮"字，《石屏遗集》不确。

〔20〕斡旋之迷　〔崇祯〕《东莞县志》作"掀揭之能"，与上下文义不贯通。

〔21〕峻其防　“峻”，原碑刻、〔民国〕《东莞县志》作“竣”，今据《石屏遗集》、〔崇祯〕《东莞县志》改。

〔22〕诸名公　〔民国〕《东莞县志》夺“名”字。

〔23〕赐进士第……刘会重修　〔民国〕《东莞县志》夺。《石屏遗集》、〔崇祯〕《东莞县志》非据碑刻录入，当然无此22字，并无文首之“赐进士出身……王希文撰”、“赐进士……劳绍科书丹”、“赐进士出身……毕廷篆盖”等73字。

〔24〕东莞知县侯官李文奎重修　〔民国〕《东莞县志》夺。《石屏遗集》、〔崇祯〕《东莞县志》非据碑刻录入，当然无此11字。

《却金亭碑记》

《却金亭碑记》为明代却金亭内碑刻，亭在莞城北门外之演武场，亭久毁，碑仍存，在原址（今莞城光明路教场街口北侧）。碑面南立。碑高180厘米，宽98厘米，21行，满行50字。提头高1字。篆额，楷书。此碑石质坚致，蟹壳青色，至今字口清晰。

赐进士第文林郎巡按广东监察御史莆田泽山姚虞宗舜撰文

赐进士第翰林院编修潮郡磨汀郑一统篆额

赐进士第礼部员外郎闽山少峰林应亮书丹

姚子曰：余按南粤之境，盖数闻却金事。及历东莞，又见却金匾，于心实慕焉。驻马迟回久之，盖重感李子之政，良心之在诸夷，未尝泯也。李子以名进士，来尹番禺，番禺隶广州为附郭，居要冲，政务纷纭。李子奋然有作，兴利划弊，与民更始，一时区画，无问剧易，罔不称平。嘉靖戊戌岁，暹罗国人柰治鸦看等到港，有国王文引，自以货物亲附中国而求贸易。有司时而抽分之，是亦抑逐末以宽农征之意也。其来在昔，无论今日，但抽分之委，世所染指。人之得委抽分也，往往以贿赂而速官谤，则又妄益番人之税以掩其迹，何取哉！惟时李子承委是事，乃言曰：“有司之待夷厚矣，岂其使人肆贪婪以逞其淫，而弃中国之体，必不然矣。恺之意也，不封赌，不抽盘，责令自报其数而验之，无额取，严禁人役，毋得骚扰。”条其议于抚按，且图定式。既报可，李子乃不封赌，不抽盘，责令自报其数而验之。无额取，人役不骚扰。且重金之却也。君子曰：“仁人之言，其利博哉。”李子一言，而华夷胥感。夫天覆地载，莫不尽其美，致其用，故泽人足乎鱼；农夫不斫削，不陶冶，而足器械；工商不菑畲，而足菽粟。贸易通，则货财殖；货财殖，则民人[1]育；民人育，则德化弘。《易》曰：“中孚，豚鱼吉。”于是役也，夷人思报莫得，相率状其事于十竹王子，愿捐百金，谋亭之于东莞，将以顺夷情而彰公道。王子重韪之，檄有司者听其义举。乃于邑演武场之南，树坊立匾，题曰：“却金”，足称休光旧矣。然未有碑也。岁壬寅，知县蔡存微谓：“匾以族廉，盛事也，不有碑之，吾惧其猥焉圮也。”于是以其状请诸姚子纪其实，以贻不朽。

嗟乎！余何可拒而没李子之贤哉？李子今征入为天官尚书郎，勋业骎骎焉未艾也，此奚足以尽之邪？虽然，天下者，一邑之积也；一邑者，天下之推也。政有大小，而道无二致，倘臻其极，则此举权舆之也，岂惟李子哉？维彼碑亭，起瞻壮睹，望之岿如，枚枚渠渠。贤者过之，询之足以兴；不肖者闻之，则有泚颡而赧面者也。噫，蔡令用意亦可嘉已。

李子名恺，字克谐，别号抑斋，福建惠安人。

大明嘉靖二十一年壬寅十一月冬至吉日

东莞知县蔡存微谨立[2]

赐进士第文林郎巡按广东监察御史闽惠安刘会重修

东莞知县侯官李文奎督修

【霖按】“赐进士第文林郎巡按广东监察御史闽惠安刘会重修”“东莞知县侯官李文奎督修”原刻作小字两行。此两行非嘉靖二十一年（1542）十一月原刻所有，为后来重修时加刻的，其字迹与原碑文明显不同。是将原有碑文磨去重刻，第一行“进士第文林郎巡按广东监察御史闽惠安刘会重修”磨去原来十四字而重刻，刻文在原刻的字与字之间的空隙处，因原刻字数与加刻字数不相等，故加刻的“监察”、“御史”两处字距与前后字距特别小。第二行“东莞县知县”五字磨去原刻五字重刻，其上还有十五字被磨去。至今磨去之字痕迹宛然。“重修”，当指却金亭，亭重修于何时？即磨去原文，加刻两行于何时？〔道光〕《广东通志》卷十八

《职官表》（九）“巡按御史”栏万历朝载：“刘会，福建惠安人，进士。”无上任离任时间。〔崇祯〕《东莞县志》卷四《官师志·国朝·知县题名》载：“李文奎，字廷烨，福建侯官人。进士，万历二十年任。”下一任为翁汝遇，万历二十七年任。则知却金亭于万历二十年（1592）至万历二十七年（1599）之间。《却金坊记》与此情况同。并在原碑左边末端加刻“万历二十四吉旦”一行。“万历二十四年”与上文推断合。坊与亭当同时重修，磨去原刻，重刻两行，当亦在此时。

【霖又按】《却金坊记》有两种：一、石刻碑文本，石碑立于莞城外教场明代原处。二、〔民国〕《东莞县志》本，载〔民国〕《东莞县志》卷九十三《金石略》（五）。今以石刻碑文本校以〔民国〕《东莞县志》本。

【校记】

〔1〕民人 〔民国〕《东莞县志》作“人民”。误，下面重复此句正作“民人”。

〔2〕东莞知县蔡存微谨立 〔民国〕《东莞县志》无此九字。

后 记

碑刻是历史上人们社会实践活动的产物，记载了历史，反映了历史的真实。将这些珍贵的石刻文字梳理出来，是文物工作者义不容辞的责任。

本书收录了我馆所藏的50余通碑刻，为读者提供了第一手的宝贵资料。除收录碑刻拓片图版及碑文外，我们还增加了馆藏碑刻的研究论文，便于读者参考与研究。

碑刻的整理和研究是一件极其繁琐的事情。在编辑过程中，我们遇到很多困难。比如拓片，是一件非常细致辛苦的工作，需要反复琢磨，不断改进技术；一些碑刻因风化严重，字迹模糊不清，需要辗转于各大图书馆，找到相应的文献记载。可以说，本书的顺利出版，凝聚着全馆工作人员的心血和汗水，同时，也得到各级领导、有关专家及单位的关注和支持。在此，谨向关注、支持本书编辑出版的单位和个人致以衷心的谢意：

广东省文物局苏桂芬局长在百忙之中，欣然为本书作序。

东莞市财政、文化有关部门为课题的立项运作及纵深研究，给予了很大的支持和帮助。

东莞文史专家杨宝霖老师，在繁忙的治学中为书稿提出宝贵的修改意见，对本书的顺利出版功不可没。

我馆的退休老干部钟创坚、李润权、张光华等为我们详细讲解馆藏碑刻的来历，使本书的信息含量愈发厚重。

中山大学人类学系的师生为我馆碑刻做保存状况调查，为解决碑刻石质分析和保护的难题提供了思路。

中山大学图书馆和中山图书馆的工作人员为我们查阅资料提供种种方便，殊为热心。

……

毋庸讳言，碑刻蕴含着丰富的历史文化内涵，需要深层次地挖掘和研究。本书抛砖引玉，希冀有裨于文物研究与治史者，也希望有更多爱好者参与到乡邦文献、文物的研究与整理中来。

本书在编撰中，难免会有一些遗误，敬请有关专家、读者批评指正。

东莞市博物馆馆长　娄欣利

责任编辑：王　伟
　　　　　李　红
装帧设计：李　红
责任印制：陆　联

图书在版编目（CIP）数据

东莞市博物馆藏碑刻 / 东莞市博物馆编. —北京：文物出版社，2009.4

ISBN 978-7-5010-2645-6

I. 东… II. 东… III. 碑刻—汇编—东莞市 IV.K877.42

中国版本图书馆CIP数据核字（2008）第175635号

东莞市博物馆藏碑刻

编　　著　东莞市博物馆
出版发行　文物出版社
地　　址　北京东直门内北小街2号楼
邮　　编　10007
网　　址　http://www.wenwu.com
邮　　箱　web@wenwu.com
经　　销　新华书店
制版印刷　广东东莞新扬印刷有限公司
开　　本　889×1194毫米　1/16
印　　张　10
版　　次　2009年4月第1版
印　　次　2009年4月第1次印刷
书　　号　ISBN 978-7-5010-2645-6
定　　价　160.00元